原書名：教孩子提錢佈局

章齡齡 ◎著

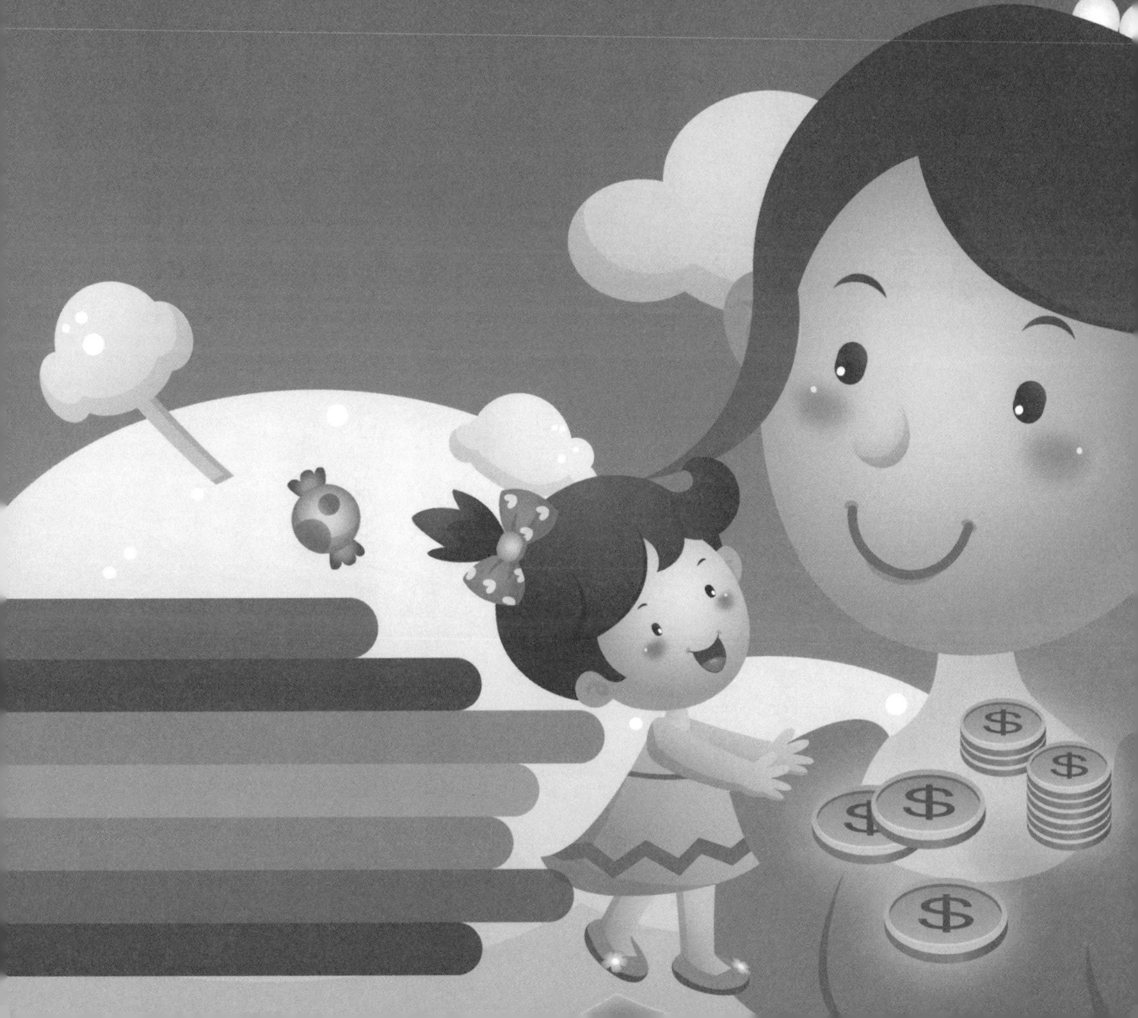

開篇絮語：這是孩子最需要的課程

當前，我們的孩子普遍存在盲目消費和消費結構不合理的現象，他們與社會的接觸大大擴展，經濟意識也逐漸增強，雖然在消費的同時逐漸開始具備一定的理財觀念，但是普遍花銷無度，見啥買啥，一點也不愛惜錢財。究其原因，都是因為家裡有了錢，孩子又能夠輕而易舉地得到，因此花起錢來自然就不會心疼。

理財是人生的重要一環，不僅成人必備，也是孩子不可或缺的課程。從小塑造孩子正確的財務觀和金錢觀，會成為孩子未來事業、生活的好幫手。

言傳不如身教，從孩子剛懂事的時候起，做父母的就要開始注意他們對錢財的態度。給孩子零用錢的同時，也同時給他們一個小本子，讓他們把收到的每筆零用錢都記下來，每筆花費也都記下來。父母偶爾帶孩子買玩具時，就要引導他們，要求他們用平時存下的零用錢來買，不要對孩子大大方方的要什麼就給什麼。

會理財投資的父母，孩子的理財觀念也不會太差。父母如果在孩子面前不把錢當錢用，隨意浪費金錢，那麼小孩成長後可能就會如出一轍。父母是孩子理財投資的第

一個老師，隨時灌輸孩子正確理財觀念很重要。父母自己首先就要尊重金錢、尊重資源，這是最基本的理財觀念。不隨意浪費、不亂花金錢，孩子才會對得之不易的財富和資源心存敬意。

什麼時候應該教導孩子理財？如何教導孩子理財？可能是許多父母，尤其是媽媽的困擾。本書精心羅列了孩子成長過程中必須瞭解和學會的四十五堂理財課程。

據心理學家的長期觀察，孩子在兩到三歲時就開始產生金錢交換物質的意識，也就是說，孩子在這一時期開始了學習和模仿大人世界的金錢觀和使用需求，並逐步建立起自己的金錢意識。本書從基本的理財知識——「什麼是金錢觀」開篇，依序有理財緒論——「樹立正確的金錢觀」、理財初探——「從身邊的點滴做起」、理財基礎——「快樂實用的生活理念」、理財常識——「充實經濟金融知識」、理財實戰——「合理的支配零用錢」，和理財總論——「用財智梳理人生」六大部分，逐步而詳細的闡述了對各個年齡階段孩子的理財教育方法，是父母教育孩子理財不可多得的一部教材。

目錄 contents

第四部分 **理財常識：充實經濟金融知識**

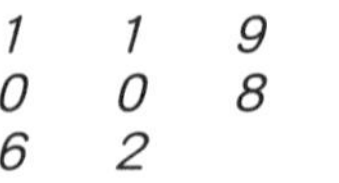

目錄 contents

第六部分 理財總論：用財智梳理人生

第一部分

理財緒論：樹立正確的金錢觀

金錢作為流通貨幣工具充斥於社會的每個角落，孩子一生下來就在這樣的經濟氛圍裡成長，只有讓孩子從小做起，才能養成正確的金錢觀，使他們健康成長。許多孩子在很小的時候，就認識到金錢是一個非常神奇的東西，如果我們能多給予孩子一些正面的教育和示範，就能幫助孩子在未來處理金錢這一敏感事情上，奠定良好的基礎，使孩子不但懂得吃魚，更知道如何釣魚！

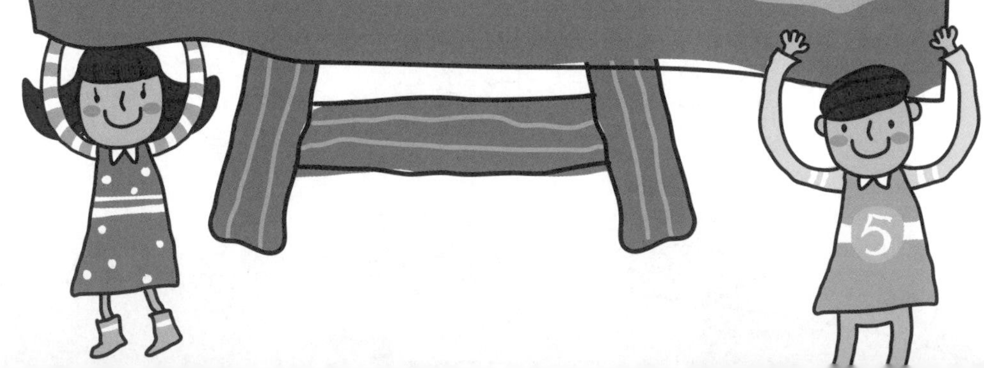

第一課　什麼是金錢觀

家庭的經濟與生活品質息息相關，然而，在這個不確定的年代，我們除了盡力供給孩子健康的生活環境之外，更應建立良好的金錢觀念，並隨時調整我們的思維，使我們的觀念想法更加實用，給予孩子一個良好的行為典範。

孩子剛會走，在街上就會要這要那，吃的、玩的、新奇的，或者從別人的孩子那裡看來的，這個時候他們還不知道金錢具體是什麼，認為金錢就好像是從父母口袋裡冒出來的，可以用它換來很多好東西。孩子在沒有受到教育和影響的時候，他的大腦就像一張白紙，必須正確引導，為他們形成良好的金錢觀。

那麼，什麼是金錢觀？簡單的說，金錢觀就是人們對金錢的認識、分配與使用方法的思考與行為模式，即，「認識金錢、分配金錢和使用金錢」。金錢觀在很大程度上決定一個人的未來，決定他的興衰榮辱。

金錢觀分成兩部分，一是如何分配使用金錢，這是指能力；一是如何看待金錢，

這是指態度。態度決定方向，能力決定結果。

常言說，由儉入奢易，由奢入儉難，正是一般人忽略金錢觀的認知所造成，我們常說富不過三代，就是這個道理。有一個富家子弟，因為家裡很富有，沒有正確看待金錢，從來都是問父母要錢。父母死後，他依然按照原來的方式生活，沒有規劃，不會分配，錢應該怎麼用，用在哪些事上，這些，他都不考慮，認為反正有錢，隨便用，兩年後就山窮水盡，身無分文，淪為乞丐，這就是他缺乏正確金錢觀導致的結果。

什麼是正確的金錢觀？是貪圖富貴，揮金如土？還是只掙不花，做守財奴？雖然有錢或沒錢都可能導致罪惡，但金錢本身並不可怕，關鍵是父母首先應該釐清自己的價值觀，否則無法成功地教導孩子。孩子是透過觀察父母的言行來學習的。如果父母在吃飯的時候總是談論什麼東西值多少錢，那麼，當你告訴孩子錢並不是一切時，孩子肯定會大惑不解。

現代父母越來越懂得規劃未來，不但在結婚前存一筆結婚基金，甚至孩子的奶粉錢，也在結婚之初便開始計畫。

家庭的經濟與生活品質息息相關，然而在這個不確定的年代，我們除了盡力供給

孩子健康的生活環境之外，更應建立良好的金錢觀念，並隨時調整思維，使我們的觀念想法更加實用，並給予孩子一個好的行為典範。

有兩名小學生因一點小事打了架。其中一名學生的家長找校長和班導師，當著孩子的面竟然這樣教育他的孩子：「以後誰再打你，就拿傢伙揍他，打壞了爸爸拿錢給他養傷。」這樣的教育實在是大錯特錯，其源自「金錢萬能」這一錯誤觀點。學生在成長過程中出現一些問題並不奇怪，奇怪的是，出了問題後家長不是循循善誘，反而乘機拋售「金錢萬能觀」，這必然給他的孩子造成這樣的錯覺：只要有錢，什麼事都可以幹。這樣的誤導到頭來必然給家長自己帶來苦果。教育是什麼？教育就是十八般武藝，表揚、獎勵、懲罰……各種方法都可運用。但教育的秘訣和核心是愛，包括正確世界觀和金錢觀。

目前，不少青少年基本上是用自己稚嫩的思維，在紛繁複雜的社會現象中，獨立累積對金錢的認識。這種現象正應了一位先哲的名言：「正確的東西不去佔領陣地，錯誤的東西就會佔領。」金錢萬能等一些錯誤的觀念，正在潛移默化地影響著青少年的人生觀和價值觀。現在有不少學校雖教育孩子養成儲蓄、互助的良好習慣；引導學生把家長給的零花錢用在買課外書和學習用具上等，但終究難以抵擋來自校園外的種

種誘惑。

不論是教育界還是社會各界，都應該讓青少年懂得，在這個世界上金錢並非萬能，師長的養育之恩也並非只有金錢才能報答。只有樹立遠大的正確理想，掌握真才實學，才是最寶貴的。

【理財訓練】

1. 讓你的孩子知道金錢是什麼？它是一種流通工具，需要付出勞動才能獲得。父母可以帶孩子參觀自己的工作場所，讓孩子看到自己忙碌而努力工作的樣子，這樣就可切身的向孩子說明，錢不是天上掉下來的，只有透過自己的勞動才能得到，從而否定不勞而獲的錯誤思想，逐漸養成勞動獲取金錢的觀念。

2. 告訴你的孩子，錢是需要規劃的。可以在孩子面前坦言家庭的用錢計畫，跟孩子說明金錢是有限的，要用在最重要的地方。孩子剛開始可能不會明白這個道理，但慢慢的可以理解有些東西不買也行，有些東西是必須的就不能不買。

3. 告訴你的孩子，收入是為了支付開銷，如果不妥善使用就會影響全家人的生

活。父母可以帶孩子去交社會保險險金或抵押貸款利息等，說明有些錢是必須付出的，雖然孩子可能不是很懂，但至少在他心裡有個概念，周圍有其他類似事例的時候，孩子就能很好的消化這類問題了。

第二課 測試孩子對金錢瞭解多少

在成長過程中，孩子對於錢與眾多物品的感覺是一樣的陌生而又新奇，孩子就如同一張白紙，需要在父母的幫助下描繪出絢麗的人生畫面。如果父母的教育不得當，就會直接影響孩子的一生。

孩子對金錢的瞭解應該從幾歲開始？有的人覺得孩子長大自然就會瞭解了，這是錯誤的觀念。

當父母從錢包裡掏出一張張鈔票的時候，在孩子眼中，他們覺得那個皮夾就像一個魔術包，裡面總有取之不盡的紙片，可以換取自己心愛的玩具或零食，這就是孩子與錢的初步接觸和認識。家長從小就應該讓孩子知道錢是什麼東西，因為這是培養孩子理財習慣的最基本知識。

有的父母受中國傳統觀念的影響，認為讓孩子小小年紀就接觸金錢，學習理財，會染上一身銅臭。

因而，雖然給孩子買吃買穿，讓孩子上學，消費遊玩，為孩子保險，卻不給孩子講解錢的用途。

有的父母則是要培養孩子勤儉節約的習慣，認為孩子過早接觸錢會染上好吃懶做、浪費的不良習氣。他們覺得孩子不懂得花錢更好。

還有的父母剛好相反，直截對孩子說錢是如何如何的好，放手讓孩子花錢，他們認為只有會花錢的人才能賺錢。

以上這些父母的看法與做法有一個共同點——出發點都是想讓自己的孩子好。然而這些做法對孩子沒有好處。

父母們都承認錢在生活中是不可缺少的，可是天真無邪的孩子並不知道，孩子對於錢與眾多物品的感覺是一樣的陌生而又新奇，孩子就如同一張白紙，需要在父母幫助下描繪出絢麗的人生畫面。如果父母的教育不得當，就會直接影響孩子的一生。

你的孩子對錢瞭解多少？這是每個父母應該重視的問題。

孩子在三歲以後就可以學著認識紙幣和硬幣，從認識一元開始。認識錢幣不只是讓孩子說得出錢幣的面值，主要的是讓孩子知道錢幣的實際價值。

如乘公共汽車時，讓孩子去投幣箱投幣；也可以讓孩子自己去購買雪糕，這樣他

們就會知道不同品牌的價格也有所差別；去兒童樂園玩時，也讓孩子知道五十元可以玩哪幾項遊樂活動…透過這樣的行動，孩子自然就會對金錢有一定的瞭解。

家長還可以把各種大小不同、面值不等的錢幣擺在孩子面前，逐一讓他們知道，這是多少錢，那是多少錢？上面的圖案是什麼？有什麼特別的原因或故事？

待孩子熟悉一元、五元之後，就可以接著教他認識十元、五十元，或者認識一百元。總之，應根據孩子對錢幣實際認識的多少來確定教學的深淺度。

錢是爸爸媽媽透過勞動換來的，對這個道理，不光要說，還要讓孩子理解。

如有時孩子不願早起，有時纏著父母不讓離開時，可以說：「爸爸媽媽不上班，工作不完成，就沒有薪水。沒有薪水就沒錢，不能買吃的，不能買玩具了。」孩子雖然搞不懂其中的道理，卻能知道上班與得到錢有關係，知道上班勞動（工作）是必不可少的。

有機會的時候，讓孩子看看成人怎麼勞動，怎麼製造出產品，怎麼出售產品，將產品變成錢，再跟孩子講講，這些錢又怎麼分配給所有參加勞動的人。讓孩子知道勞動是不容易的，勞動過程中還要靠大家齊心合作。

在認識錢幣的過程中，孩子已經明白了錢與購物之間的關係。正確地說，錢的

作用在於透過購物、繳費等活動達到其他目的，如購買吃穿物品，使人可以生存；用錢繳學費，可以上學接受教育，從而獲得知識，得以發展；花錢娛樂，能讓我們在體育、休閒中健康發展；透過捐款助人，能得到精神上的滿足。

我們自然不能奢望幼兒完全理解金錢的作用，但在孩子認識金錢的時候，要注意讓孩子樹立起「錢是有用的，但錢不是萬能」的意識。這是教給孩子如何選擇、如何做出正確決定的依據。

讓孩子在實際生活中，初步懂得合理的消費，並學習選擇。如要外出遊玩時，可以和孩子商量是乘車還是徒步前往。

途中一邊欣賞風景，認識各種花草樹木，一邊說說唱唱，或玩玩成語接龍，說反義詞等遊戲，讓孩子體會徒步的樂趣。事後再與孩子算筆帳，透過步行，省了多少車錢，可以轉作什麼用途。

同樣，去兒童遊樂場改為去野外爬山；去肯德基吃炸雞改為買烤番薯、煮玉米當午飯；去飯店過生日改為去農村小朋友家玩……儘量讓孩子明白，日常生活離不開金錢，但生活中的許多樂趣並不是都能用金錢換來的。

測試你的孩子對錢瞭解多少，才能正面引導孩子認識金錢，瞭解金錢的來龍去

脈，對於培養孩子客觀對待金錢的態度是極其重要的。

【理財訓練】

1.告訴你的孩子，金錢是我們生活的必須品，沒有錢，什麼都買不到，讓孩子瞭解錢在生活中的用途。與孩子一道上街去消費，讓孩子親身經歷購買生活用品，從而讓孩子認識錢、瞭解錢在生活中的角色和地位。

2.告訴你的孩子，錢是勞動換來的，不勞動就不會有錢，沒有錢就不能生存。抽時間帶孩子到工作場所，給孩子講解工作的一些事情，解說大人們為什麼都要上班，上班了才能有錢，有錢才能買東西吃，或許孩子一時不能完全理解，但心裡會漸漸形成一種想法——人都是要工作才能得到錢的。

3.告訴你的孩子，別人的錢不能歸為己有，因為丟了錢的人會著急的。外面揀的交給警察，家裡揀的交給父母。家裡的人互相幫忙是愛的表示，不能用金錢來衡量。這些道理，都需要在生活中一點一滴地告訴孩子。

4.告訴你的孩子，有些東西是無法用金錢衡量的。孩子在接觸金錢之初，有時候

會非常天真地給所有東西「標價」，說這個值多少錢，那個值多少錢。這並不奇怪，可以告訴孩子金錢是有侷限性的。比如你是爸爸媽媽的寶貝，是多少錢也不換的。外婆留給媽媽的小盒子，別人可能覺得很不值錢，但對媽媽來說，也是多少錢都不換的，因為每次看到它，就想起媽媽小時候和外婆度過的日子。

第三課　兒童理財觀念的兩大盲點

過度的強調金錢會讓孩子認為金錢就是萬能的，可以達到他的任何目的；而閉口不談錢，不僅會使你的孩子不知道玩具、零食是透過什麼途徑得到，他還會覺得只要開口就能擁有他想要的任何東西。

孩子對金錢的興趣與生俱來，早期的金錢教育對兒童樹立正確積極的金錢觀、形成良好的理財習慣與技巧有著不可估量的潛在作用。

金錢和日常生活密不可分，兒童的觀察能力很強，對錢產生的興趣可以說早於其他事物，因為錢能給兒童帶來直接的好處。家長只要帶孩子逛幾次商店，錢的用處便牢牢樹立在孩子的心中。

然而，很多父母在對待金錢的問題上，產生了兩個極端錯誤的觀念：一是在孩子面前什麼都講錢，造成孩子什麼都依賴錢，幫家長做點家務就要錢，幫同學做點事情也要錢，甚至為了達到某種目的用錢來開路搭橋；一個是，家長怕金錢給孩子造成不

必要的麻煩，就在孩子面前閉口不談錢，使得孩子對金錢一無所知，甚至是讓孩子對金錢產生恐懼心理。

阿明是台中國小五年級的學生，學習成績很好，家庭經濟條件一般。父母每周固定給他一百元，供他乘車、買水等零用。正常情況下，阿明的這些錢還夠用，但有時要買一些玩具之類的東西，這些錢就顯得捉襟見肘了。為了能有更多的錢隨意使用，阿明找到了一條「勤工儉學」之路：把自己的作業給別人抄，以此賺錢。

由於阿明的作業寫得快，每天最後一節課結束，他的作業就可以交給後桌一位貪玩不願意寫作業的男生，抄一科五元，抄兩科十元。遇到周末，老師給的作業比較多，他就將價格提高到每科二十元。嘗到給人抄作業賺錢的「甜頭」後，阿明又與兩個平日考試常向他要紙條的男生達成協定：考試時傳一次紙條付款十元。

阿明的賺錢秘密被老師發現後，老師批評他不該用這種不正當的方式在同學身上賺錢，而他卻滿不在乎：「大學生都提倡靠自己的能力賺錢，我這也是呀！」像阿明這樣的現象不在少數，由於對金錢的過度看重與依賴，使中小學生的價值觀和是非觀都扭曲了。

在家裡讓孩子做點家務並不是件壞事，從另一角度來看，這是一件好事。阿明之

所以對金錢有這樣曲解，與他的父母不無關係。阿明的父母為了讓他倒垃圾，就以金錢來獎勵他，像這樣的家務活都用金錢交易，久而久之，在阿明心中就會形成這樣一種觀念：只要我做點家務，就可以得到錢，同樣的道理，我把作業給同學抄也應該收取相應的報酬。而且他並沒有覺得這是不對的，反而認為這是天經地義的事情。

孩子金錢觀念的早期形成與家庭有著密切的關係，如果父母過度強調金錢的重要性，會對孩子有種潛移默化的影響，孩子的成長過程中就會過度依賴金錢。

在孩子面前過度的強調金錢與閉口不談錢，都會使孩子形成錯誤的金錢觀念。過度的強調金錢，會讓孩子認為金錢是萬能的，可以達到他的任何目的；而閉口不談錢，不僅會使你的孩子根本不知道他手中的玩具、愛吃的零食是透過什麼途徑得到，他還會覺得只要開口就能擁有他想要的任何東西，因而對金錢根本沒有任何概念。

仔仔的父母都是生意人，在商場上成天與錢打交道，深感金錢的罪惡。為了讓自己的孩子遠離金錢，在仔仔很小的時候就把他送到爺爺家，每月給其充足的生活費用，爺爺對孫子疼愛有加，只要是仔仔看中的東西，不管多少錢都二話不說給他買來，仔仔就在這樣的環境中一天天長大。

有一天，仔仔一個人到外面玩，看到一個小朋友手中的玩具，他直接就跟人家

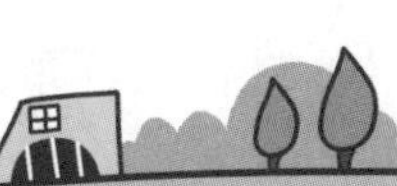

要。人家當然不給他，小朋友說：「這是我爸爸媽媽花很多錢給我買的，我不能給你，你回家叫你爸爸媽媽給你買。」

這是仔仔第一次聽到「錢」這個詞。他當時就問：「錢是什麼東西啊？」這時候，周圍的小朋友都笑他，「連錢是什麼都不知道，笨蛋一個！」

仔仔完全是在「無菌環境」中成長，遭到小朋友取笑之後，只要一說到與金錢有關的事物，腦海中就會浮現出當時被小朋友圍著笑話他的場景，整個人就傻在那裡了。這個場景在他的成長過程中一直伴隨著他，使他對金錢產生恐懼心理，甚至懼怕聽到「錢」這個字。

很多父母認為「金錢是萬惡之源」，它會造成生活上的墮落，為了使自己的孩子儘量晚一些接觸「金錢」這種不好的東西，而在孩子面前閉口不談錢。殊不知，父母這種想法與那些依賴錢的孩子同樣是一種心理疾病。

【理財訓練】

1. 告訴你的孩子，爸爸媽媽之所以給你買玩具，是因為爸爸媽媽愛你。小孩三歲

的時候就對事物有著明確的意識，對於金錢，他們會逐漸形成自己的概念，這時候，為父母就應該有意識的跟你的孩子談論一下關於錢的話題。

2.告訴你的孩子，一根冰棒是花費二十塊錢買的。像這樣的事例可以逐步的向孩子說明，剛開始的時候他們可能不太明白，不過慢慢的孩子就會明白金錢與物品之間的等價交換關係。

3.告訴你的孩子，雖然錢可以買到很多物品，但金錢並非萬能。父母可以在商店買東西的時候，逐漸灌輸這樣的理念，如：爸爸媽媽對孩子的愛是多少金錢都買不來的。

4.當孩子幫你做一些簡單的家務時，可以向他說明，他幫爸爸媽媽做家務不是為了獲取金錢報酬，而是因為他愛爸爸媽媽。讓你的孩子明白雖然勞動可以獲取金錢，不過並不是任何勞動都能夠換金錢。

第四課　及時發現孩子對金錢的錯誤認知

孩子常有這樣的問題，我們家很有錢嗎？我們家很窮嗎？這是因為孩子感觀上對錢的標準，是透過房子的大小、有無私家車、車好車壞、衣服的好壞、消費的層次等方面來判定。

孩子接觸錢的過程中，由於沒有分辨能力，有時會對錢產生一些錯誤的認識。

在一次朋友聚會上，一個五歲小女孩說「錢是做活動時上司發的」，這個小女孩曾看到過媽媽在年終尾牙領紅包的場面；而另一個四歲的小孩子則說「錢是從地上撿來的」，這是因為他看見過別人在地上撿錢之後轉身就去買東西。由此看出，孩子理解事物是透過具體可見的場景和事物。顯然孩子的這些認識都很片面，也是錯誤的認識。

阿秀是一個天真活潑的小姑娘，可是最近幾天卻總是話不多說，媽媽問阿秀，是不是遇到什麼自己解決不了的事情了？

阿秀睜著一雙大眼睛，忽閃忽閃地看著媽媽：「妳怎麼知道的啊？」

媽媽笑了，伸手摸了摸阿秀細嫩的臉頰說，我的阿秀話很多的，總是嘰嘰喳喳地把自己看到的好玩事兒講給媽媽聽，可是這兩天，阿秀卻很少說話了。

阿秀打開自己的心門，把悶了好幾天的事情向媽媽說出來。

事情是這樣的，那天，阿秀自己去路邊的超市買雪糕，她看到一個男子搶了一個年輕女孩的皮包就跑，女的一直在後面喊著：搶錢了，快抓強盜！

阿秀不明白，為什麼會有這樣的事情發生？難道說錢還可以搶來嗎？

媽媽把阿秀擁在自己的懷裡，告訴她說，阿秀啊，錢永遠都不是能搶來的，妳不是也聽到那個女孩喊他強盜了嗎？這樣的行為本身就是可恥的。強盜搶到錢之後也會提心吊膽，他怕啊，怕警察叔叔抓到他，害怕也是沒用的，做了壞事就必然會受到應有的懲罰。至於為什麼會發生這樣的事情，簡單點說，在這個世界上，有好人就會有壞人，強盜就是壞人中的一種，所以阿秀以後一個人外出的時候，要多加小心，明白了嗎？

透過媽媽的解說，阿秀點著頭，臉上又呈現出往日的光彩。

只有讓孩子正確的認識錢，才能讓孩子健康成長。面對新奇的世界，孩子對錢的

認識會有個成長過程。家長要留心觀察自己的孩子，孩子的心中是藏不住秘密的，只要你耐心的詢問，他們就會把自己遇到的難題說給你聽，這時候，家長就可以用淺顯易懂的話語為他們解開謎底。

孩子常有這樣的問題，我們家很有錢嗎？我們家很窮嗎？這是因為孩子感觀上對錢的標準，是透過房子的大小、有無私家車、車好車壞、衣服的好壞、消費的層次等方面來判定。

你只要告訴孩子「中等」就可以了，並可以稍加解釋：「我們有食物、衣服和許多我們需要的東西，只要能生活就行了。」即使家產豐厚，也不必讓孩子以為他們可以想要什麼就有什麼，或以此向左鄰右舍去吹噓。

臺北有一個九〇年代發跡的家庭，家裡有錢，所以孩子上的是貴族學校，上學放學都是保鑣接送，使得孩子在其他同學面前顯得很有優越感。這孩子享受著豪華的生活，連他的消費也很奢侈。家裡人不覺得怎麼樣，畢竟家裡有的是錢。孩子到了讀大學的年齡，成績差得讓人擔憂，家裡的錢再次解決了孩子的「問題」，他們花大錢把孩子送到國外去讀書，雖然孩子的學習成績並沒有好轉，但總算挽回了家長的面子。

一轉眼，孩子到了該就業的時候，家長準備叫孩子接班，這時候他們才發現自己

的孩子學無所用，除了揮金如土外什麼也不會。可想而知，這樣的家庭在不久的將來是個什麼樣的景況。

所以說，即使家中富足有餘，也不能讓你的孩子產生金錢可以解決一切問題的錯誤認識，一旦像上面故事中的那樣，孩子自然就會「有恃無恐」，只會享受美好生活。家長對於孩子的這種錯誤認知必須及時加以糾正，否則必定後患無窮。

香港巨富家庭的子弟很多都在耶魯大學讀書，他們大多有在美國打工的經歷。他們家裡絕不缺錢，可是很多孩子要自己打工掙零用錢。這些孩子的父母為什麼會這樣做呢？殊不知，這是這些家族培養接班人精心設計的戰略。在路邊攤賣日用品和禮物、在公司裡從底層做起，認真地實習等，這些父母是想讓孩子從小就樹立正確的金錢觀，明白工作的價值和工作能帶來的滿足感，而不是躺在祖先的庇蔭下乘涼，這不僅有利於家族事業的延續，對孩子將來幸福而有價值地過一生，也是至關重要的。

家長不可以讓孩子從小就養成飯來張口、茶來伸手的習慣，自己能做的事情必須讓他們親力親為，在給孩子零用錢上也不能毫無節制，這樣必然形成孩子對金錢的錯誤認識，他們會感覺反正家裡有的是錢。無論你的家庭有錢與否，都要把樹立孩子正確金錢觀念放在首位，多關心你的孩子，及時發現錯誤認知並加以糾正。

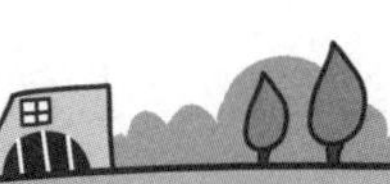

【理財訓練】

1.當孩子說錢是老闆發的，切不可當作笑料一笑而過，這就是孩子對於金錢的錯誤認識。這時候，家長需要耐著性子向孩子說明，錢是老闆發的沒錯，但那是靠你勞動獲取的，是因為工作表現好老闆才會發錢。這樣解釋，花不了多少時間，卻能讓你的孩子明白錢是怎麼來的。

2.當孩子問你，「在地上可以撿到錢，幹嘛還要工作」的時候，你需要問清楚這個想法是怎麼來的，而且要向你的孩子說明這樣一個事實：有的時候在地上是可以撿到錢，不過這錢不應該歸自己所有，那是別人不小心掉在地上的，如果可以，最好能夠歸還失主。

3.家長切不可用錢來解決孩子成長中遇到的問題，例如，孩子學習成績不太好，顧及到自己的面子，就花很多錢把他送到國外讀書，這樣做根本解決不了實質問題，還會讓孩子產生對金錢的錯誤認識。最好的解決方式是，坐下來跟孩子談談學習上遇到的問題，並且讓孩子知道學費是父母辛苦工作賺回來的，是想讓他用功讀書的。

第五課　樹立孩子正確的金錢觀

很多家長的理財教育僅止於「一分錢掰兩半花」，或是讓孩子與金錢絕緣。但是今天的孩子處在物質相對豐富的時代，金錢和財富成為人們生存的必需和與社會聯繫的重要媒介，過去的理財教育顯然不適用於目前社會發展和孩子成長的需要。

幾乎每個家長都會遇到這樣的問題：帶孩子購物時，如果不給孩子買他要的東西，他就會生氣耍賴。也許你會說這是大人慣出來的，平時要什麼給什麼，久而久之就形成這般尷尬局面。但更深層次的問題是孩子沒有金錢觀念，認為手上花花綠綠的紙頭可以換取他所需要的一切。小玩具、糖果這些東西，以你現在的消費能力雖然是可以滿足，但重要的是我們要讓孩子樹立正確積極的金錢觀，形成良好的理財習慣與技巧。

金錢教育不是單單把「爸爸媽媽賺錢很辛苦」掛在嘴邊，還包括：讓孩子思考

金錢的價值；幫助孩子認識到金錢來之不易，要有計畫地慎重理財；金錢並不能換來想要的所有東西，不能沈迷於金錢世界；付出才會有收穫，不要有不勞而獲的懶惰思想；收入是為了支付全家人的開銷，任何對金錢的濫用都可能影響全家人的生活，進而培養孩子的責任心。

日前，聽一位家長痛心地反思自己的教育失誤，認為孩子現在成績不佳，迷戀網路遊戲，花錢如流水，都是「金錢惹的禍」！

這絕不是單一個案。春節期間，不少孩子得到成千上萬元的壓歲錢，高雄幾個七、八歲的孩子用壓歲錢請客吃飯，一頓就花了一千二百元，臺北一位高二學生幾天就在網咖裡泡光了三千多元。中小學生日常的高消費成了新話題，孩子們穿名牌服裝、拿手機並不鮮見。

金錢是把雙刃劍，富裕的生活本身不會對孩子有害，但是如果缺乏健康、完善的價值觀指導，那麼金錢就會對孩子產生負面影響。

很多家長的理財教育僅止於「一分錢掰兩半花」，或是讓孩子與金錢絕緣。但是今天的孩子處在物質相對豐富的時代，金錢和財富成為人們生存的必需和與社會聯繫的重要媒介，過去的理財教育顯然不適用於目前社會發展和孩子成長的需要。

今天的孩子們需要的理財教育是正確的金錢和財富觀念、科學的理財方法，以及透過理財教育培養起來的愛心和責任感。告訴孩子，金錢不是天上掉下來的，是透過父母的辛勤勞動得來的；金錢可以帶來一定的物質滿足，但金錢不代表一切，幸福、成就、愛、友誼、快樂並不是金錢可以買到的；學會選擇，也學會放棄，從而讓孩子成為金錢和財富的主人。

窮的時候，我們抱怨沒條件教育孩子，現在富裕了，教育孩子的新難題又出現了。怎樣在富裕的環境下教育出優秀的孩子，並不比在貧困狀態下教育出優秀孩子的難度小。在這一過程中，家長扮演著極其重要的角色。正是在家長的言傳身教中，正是在點點滴滴的日常行為累積中，孩子接受著家長的金錢和財富觀念，以及支配財富的方式。

阿偉是一個富家子弟，手中的零用錢也不少，經常呼朋引伴的一起去遊樂園、麥當勞、肯德基等場所消費，阿偉還覺得自己很了不起，身邊有一群哥兒們圍著自己。

阿偉的父親有次看到他和一群孩子一起去網咖玩，馬上聯想到最後必然是阿偉付款，甚至還能想到阿偉在這群孩子中間充當老大的情景，他感覺事情有些不妙了。

等阿偉回到家之後，父親來到阿偉身邊，阿偉臉上還洋溢著神氣十足，父親問

他，最近和小夥伴的關係好嗎？

阿偉非常驕傲的說，很好啊，他們都聽我的。

父親說，不對，他們不是聽你，他們是聽「錢」的。

阿偉不明白了，爸爸，你在說什麼啊？

父親問他，如果你哪天不像現在這樣有錢了，他們就不圍著你了，你相信嗎？

阿偉自然不會相信，父親說，那我們來做個試驗吧，從明天開始，我不再給你那麼多零用錢，一周之後，事實就會自己說話。

可想而知結果如何。

阿偉十分沮喪的問爸爸，為什麼會這樣？

父親看著他說，阿偉啊，真正的朋友不是靠金錢來維持的，也可以說，金錢是買不來友誼的，你明白了嗎？

阿偉看著父親，似乎明白了些什麼。

其實，想要你的孩子樹立正確的金錢觀並不是件難事，關鍵是要讓他們明白，金錢並非萬能，它可以買到商品，可以用來娛樂，但是，金錢只是一種物與物等價交換的工具，它買不來很多東西，像是友情、父母的愛。

我們可以利用手中的錢讓生活變得更為豐富多彩，帶給我們快樂，一定要讓你的孩子懂得金錢並非無能也並非萬能的道理，這樣才能建立孩子正確的金錢觀。

【理財訓練】

1.如果你的孩子在同伴面前耀武揚威，為自己有一群哥兒們而自豪，你就得多加留意，並利用適當的時機向孩子說明這樣一個道理：金錢是買不了真正的友誼的。如果你的孩子有所懷疑，大可以讓事實作證，在一周或半個月的時間裡，把你給他的零用錢縮減，那麼原來圍繞著他的哥兒們自然就疏遠他了。

2.想要樹立孩子正確的金錢觀念，那麼在給零用錢方面就要有所節制，讓你的孩子懂得金錢來之不易。可以帶他們到工地或者其他工作場所體驗一下，看看工作的艱辛，這時候，要進行適當的解說，錢不是天上掉下來的，是靠勞動獲取的，爸爸媽媽的錢也同樣如此。這對樹立正確金錢觀念會有很大幫助。

第二部分

理財初探：從身邊的點滴做起

人不是單一的生活著，孩子也一樣，他們需要屬於自己的活動空間，也需要交際，不可避免的要接觸社會。相對來說，他們的生活空間是十分有限的，所接觸的事情也不多，對事情的理解也很單純。單純思想造就了孩子無與倫比的天真神話，但是，神話一直受身邊事物的影響而改變，也許會變得更好，也許反而是越來越糟糕。

那麼，身為家長應該怎麼樣做呢？

讓我們和孩子一起進步吧，進步從身邊做起，哪怕是很瑣碎的小事情，也許正影響到孩子的成長。大家都知道孩子天生有很強的模仿欲望，從身邊的小事，點點滴滴，你在做的正是他模仿的。

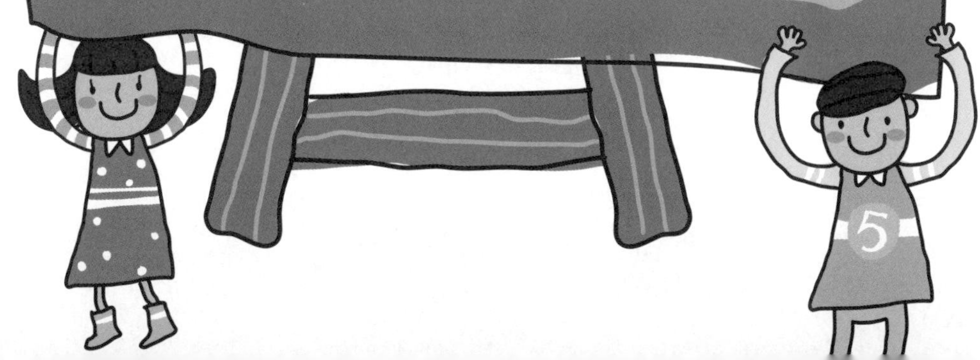

第六課 讓孩子學會使用存錢工具

讓孩子學會存錢工具的使用很有必要。首先要讓孩子知道它並不是普通的玩具，進錢口的設計是為了使放進去的錢不輕易掉出。透過對撲滿的認識，孩子更能深刻認識到存錢不是一件容易的事情，他需要自我克制。

孩子學會存錢是學習理財很重要的一步，培養孩子的存錢習慣可以從孩子的天性入手。

現在的存錢工具多種多樣，豐富了孩子們的選擇。有卡通的，有動物的，有木頭的、竹子的，首先應該要尊重孩子的選擇，這一點很重要，只有自己喜歡，孩子才會認真去做。

阿宏是幼稚園學生，他有一個很漂亮的撲滿，現在還想擁有第二個，他的父母告訴他，要擁有第二個撲滿就得先把第一個裝滿才可以。

這樣一來，阿宏平時只是把撲滿當成玩具的想法改變了，想擁有自己喜歡的第二

個撲滿，他就必須讓第一個存滿錢，於是阿宏開始注意生活中的細節，把能存的錢都存進第一個罐子，漸漸的他就明白了撲滿的作用，它不止是玩具，還是一種存放錢的器具。

撲滿多是中空的罐子，有一個開口，可以放進硬幣，但是不容易出來。有的撲滿有開口可以方便存取，有些是只進不出的，除非把它們砸碎才可以拿到裡面的錢。

讓孩子學會使用撲滿很有必要，首先要讓孩子知道它並不是普通的玩具，進錢口的設計是為了使放進去的錢不輕易掉出來。

阿麗的媽媽帶她到陶藝工廠去玩，讓孩子在工廠裡完成一個屬於她的撲滿。

經過幾個小時的努力，阿麗在媽媽的幫助下完成了，接著媽媽開始和她研究起自己的勞動成果。經過實驗，阿麗發現撲滿可以存錢，但是取錢太容易。媽媽就開始講為什麼要增加取錢的難度，那是為了控制自己不輕易的把錢拿出來。

透過對撲滿的認識，孩子更能深刻認識到存錢不是一件容易的事情，它需要自我克制。

認識撲滿後，接著就應該教孩子去使用。

出一趟門，購一次物，總會找回很多的零錢，有的放在皮夾裡，有的在不經意間

消失了。家長可以幫孩子一起完成一項任務：把撲滿的錢存滿。一些零碎的錢，硬幣之類的錢，不管面值大小，其實在孩子的眼裡起初只是一件特殊的東西而已。因為沒有用錢去流通過，所以也不知道它的價值意義，對孩子來說，讓他們存錢和讓他們收集有意思的瓶子和圖片是一樣的行為。所以在教會孩子使用存錢工具的時候沒有必要特別去交代存進去的是錢。

「我有很多相同模樣的硬幣。」小麗自豪的和媽媽說。雖然硬幣是什麼概念她還不清楚，但很顯然她已經開始把數量當成一種成就了，漸漸的她養成了存零錢的習慣，有零錢就自然想到存錢筒。這樣培養孩子對存錢筒的認識比較合理。

除了撲滿，存錢的工具還有很多，比如小布包、小錢袋等等。要培養孩子正確的對待錢，從對存錢工具的認識開始，從工具的結構和用途逐漸深入體會賺錢的作用和意義。

【理財訓練】

1. 讓你的孩子認識什麼叫存錢工具。存錢工具是一種收集零散的工具，它放進去

容易取出來難，取錢難是為了有效存錢。家長可以帶孩子去看各種各樣的撲滿，讓他們知道什麼樣的容器才能叫撲滿。

2.告訴你的孩子存錢工具的作用。不要小看零碎的硬幣，透過一個固定的收集器具後，會積少成多。可以和孩子一起存錢，他存一角你也存一角，看著罐子裡的錢慢慢變多，和他一起分享快樂。

3.養成把零碎硬幣存放在存錢桶的習慣。可以讓孩子關注數量上的變化。某一天你和孩子一起，把撲滿拿在手上，搖晃後可以聽見發出的聲音，還可以透過它的重量知道裡面裝多少錢。和孩子說，自己希望罐子變得越來越重，問孩子有什麼辦法可以讓它變得重些，答案當然是經常把錢存進罐子裡，慢慢養成他們存錢的習慣。

第七課　培養孩子規劃「自己的錢」

孩子有了對錢的「主權」，接著就可以讓他們設想和計畫他們「自己的錢」。從小培養孩子對錢的態度和規劃自己的錢，在孩子成長過程中是很重要的一個關口，對今後理財的能力很重要。

孩子還不可能參加工作，他們是純消費者。他們的錢都是父母長輩給的，萬一孩子總是伸手要錢而不考慮錢的真正意義，那可就把孩子的未來給毀了。

家長必須要讓孩子明白一個道理——他們手上的錢是誰的錢？千萬不要以為孩子手上的錢是家長的，這樣的概念會把孩子逼進十分被動的環境。

大學生鄒同學，曾經在一篇論文裡談到關於孩子的財富，他說，自己小時候從來不知道錢原來不是自己創造的。但是他明白錢雖然不是他直接創造，卻是屬於他的。所以他對錢就有了本能的支配欲望。這是一個很好的例子，錢的歸屬性的確並不容易釐清。

「這是我的錢。」這樣做容易被人誤解成培養孩子的自私性格，那就錯了。人是有地盤性和歸屬感的，對孩子來說，所謂的「自私」只不過是他原始性的一種表徵，並不是壞事。換句話說，孩子對物品的佔有欲是很正常的事情。

這裡需要辨別的一點是什麼叫「自私」？如果孩子很愛惜自己的玩具，生怕別人把它玩壞而不借給別人玩，這不叫自私，特別是先前曾經有過被玩壞的經驗後，更加不能責怪孩子，因為這是他經驗的累積而不是自私表現；如果孩子很大方，一點也不在乎屬於自己的玩具，隨便給別人玩弄，這不叫無私。孩子對物品和人的評價是有自己的標準的，他們的價值標準和成人有很大區別。沒必要非要把自己的價值觀念灌輸給未成熟的孩子。家長遇見不合理的情況時，最好不要採用教訓的口吻，應該慢慢的從周邊講道理，循序漸進的來。

小明和小紅是好朋友，有一次他們在一起玩球，耍鬧中，小明因為自己跑不過小紅而生氣的把皮球抱在自己懷裡，他說：「這球是我的。」這時小明的媽媽聽見了，笑著和小明說：「大家都知道這個球是你的，但是你一個人玩球快樂嗎？」小明想不明白，這時小明的媽媽說：「如果小紅也有一個球，你們自己玩自己的球，那還有意思嗎？」孩子終於明白「快樂」並不是因為球的歸屬權是自己，快樂和道具的歸屬沒

有關係。孩子是很容易領會和學習的，從側面講道理，他能理解得更快。

「這是我的錢。」孩子發現錢原來是屬於自己的，就會有一種維護它和保護它的天生責任感。認識錢的歸屬，這是維護財富重要的一步。

每當過年，孩子們都會收到長輩給的紅包，有些家長會轉身把孩子的意外財富收繳，他們生怕孩子不懂得管理，甚至害怕孩子轉眼把錢丟失。這樣的做法不可取。其實在孩子眼裡紅包只不過是一件禮物，他們對錢的概念還很淡薄。即使孩子已經懂得消費，也不必要擔心孩子會把紅包輕易的揮霍掉。

給孩子一個擁有「自己的錢」的機會很重要。

讓孩子明白什麼才是屬於自己的錢，贈予也是一種合法的收入。

至於怎麼樣引導孩子管理自己的錢，在稍後課程裡會談到，這裡先省略而過。

讓孩子覺得有屬於自己的錢並非壞事，因為孩子其實也需要一部分錢來為自己的事情做支配。在一次為地震受難者捐款的活動中，小紅很不開心，雖然捐了不少錢，可她總覺得那不是自己在捐而是父母，因為那些錢是父母的。在這樣的活動中，只有捐了自己的錢，孩子才會覺得自己真正的幫了忙。從這件事情上也可以看出，錢是誰的其實很重要。

千萬不要以為孩子是心甘情願的當無財產者，他們也有基本的佔有欲望和物品的歸屬權。要培養孩子認識到這錢是誰的，要讓他知道這錢既然是他的，他就有權去支配。

孩子有了對錢的「主權」，接著就可以讓他們設想和計畫他們「自己的錢」。從小培養孩子對錢的態度和對自己金錢的規劃，在孩子成長過程中是很重要的一個關口，對今後理財的能力很重要。

【理財訓練】

1. 讓孩子知道錢是誰的。讓孩子區分錢歸屬誰，如果是屬於他的，他就有權力支配。比如桌上放著一張錢，然後你問孩子，這錢是誰的，他如果說不知道，那麼就鼓勵他去求證這錢究竟是誰的。在這樣的求證過程中，孩子能明白錢不是自己的就無權去動用，連家長（成人）也不行。告訴孩子錢必須是自己的，或者錢的所有者同意，你才可以去動用。

2. 讓孩子經驗到如何擁有「自己的錢」。在孩子生日的時候送給他撲滿，你可以

問孩子，撲滿裡的錢是誰的。告訴孩子那些錢都是他的，那是他辛苦存下來的，是他的「財產」。讓孩子知道他不再是個沒有財產的人，他也擁有一定的財富。

3.讓孩子懂得「自己的錢」的重要性。告訴孩子只有屬於自己的錢才可以支配。父親有父親自己的錢，母親也有自己的錢，父親要動用母親的錢需要和母親商量，借用或者「贊助」。做這些事是讓孩子明白「自己的錢」是受到保護的，只有自己的錢才可以自己做主。

第八課 教孩子用錢買簡單的物品

孩子在選購東西的時候開發了類比性思維能力，選購完成後，透過貨幣的互換，又開發了孩子的ＥＱ；在貨幣找零時，簡單的加減在實戰中訓練了孩子的計算能力；最主要的是讓孩子明白了，用什麼樣的方式可以得到自己想要的東西。

理財並只不是單方面的把錢留住，錢攢得越多就是越好，理財是很複雜的財務進出，目的是對財務能更合理和有效的管理，使財產合理的增加。

孩子擁有了屬於自己的錢，如果只是一味儲蓄而不會運用，不把錢流通起來，也就失去了金錢作為貨幣流通工具的真正意義。

一般來說，孩子對商品的概念很模糊，他們還沒有經驗去鑒別商品的優劣和商品的實際使用方式，但是父母不可因而阻止孩子交易商品。孩子在和商家的交易中能完成看似一次簡單的貨幣與貨物交換，這可以培養孩子自主完成一件事情的能力，從理財上來說，這點雖然簡單卻很重要。

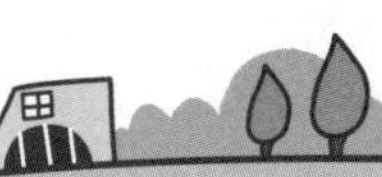

讓孩子完成一次簡單物品的購買，讓他體驗一下貨幣和物品的交換形式。

阿錄是國小一年級學生，他每天早上上學前在家門口的便利商店買一塊麵包和一瓶牛奶，然後在門口等公車，但公車並不是很準時，有時阿錄剛進便利商店，車子就來了，等他出來又只能等下一班，增加了不少等候時間。

阿錄學習成績一般，但是在理財方面比別的孩子強，他在購買早餐時先是體驗到了以錢換物的概念，接著對錢的概念又更進了一層，有了試圖規劃錢的方法。有一天阿錄嘗試換口味，不在便利商店購買，而是晚上提前去超市購買自己的早餐，這樣他就有更多的時間去應付第二天早晨的侯車。

阿錄的父母並不是不管孩子的日常生活，而是刻意創造機會讓阿錄自己進行簡單的購物活動，讓他在購物的過程中體驗到了提前購買，就能夠更好的安排時間。

用錢買東西，可以知道錢和物品的轉換，有錢可以換取物品，沒錢就不能換，讓孩子知道錢在生活中的意義。讓你的孩子親自和商家進行接觸，他們多少會明白家裡那麼多物品是靠購買透過等價交換而來。

角色轉換對於孩子會更具有吸引力，起初你的孩子只是純粹的商品使用者，家長可以讓孩子自己去購買自己喜歡的物品，成為購買者。

想要培養孩子理財的能力，可以先從初期的簡單購買開始。父母先指導，然後慢慢從購物過程中退出來，讓你的孩子自己鑒別商品。比如，孩子的文具，家長先要告訴他哪裡會有他需要的文具，列舉一些；然後帶孩子去其中的一家，讓其挑選。

家長透過讓孩子自己對比，去認識貨幣和面值，比如從位數上看面值，還有圖案等等，不同位數代表不同的面值。訓練孩子認識錢幣後，就可以帶孩子去購物了。

商店、超市交易模式不一定相同，家長要幫助孩子去接觸和認識。經過體驗，孩子會知道哪裡是入口，最後到哪裡去結賬；或者是直接在櫃檯挑選然後付賬。透過這些，孩子漸漸會知道購物的全過程。

等孩子知道了購物是怎麼一回事後，他就可以進行簡單的購物了。不要小看這些簡單的行為，這對孩子各項能力的提升都有幫助：孩子在選購東西的時候會仔細辨別各種模樣的物品，無疑開發了孩子的類比思維能力；選購完成後，透過貨幣的互換，從而開發了孩子的EQ；在貨幣找零時，簡單的加減在實戰中訓練了孩子的計算能力；最主要的是讓孩子明白了，用什麼樣的方式可以得到自己想要的東西。

【理財訓練】

1.訓練孩子認識錢幣的面值。告訴孩子，十元一枚的銅板和一枚十元的銅板是一樣的，一百枚十元硬幣和一張百元紙幣是等值的，對錢幣的認識是訓練孩子進行購物的第一步。

2.讓孩子知道，什麼樣的東西在什麼樣的商店有售。家長可以帶孩子去各種商店和賣場，讓孩子去尋找一兩件物品，透過尋找，讓孩子明白或者認識商店的專營屬性。

3.帶孩子熟悉購物的步驟。帶著孩子去購物，從進門開始講解，選擇商品、付帳、提取商品、索要發票，讓孩子一步步學。不同的商店也有一些不同的步驟，有的商店是在櫃檯選購，有的是在貨架上自由挑選，所有這些需要家長耐心的指導。

4.給孩子機會讓其單獨完成購物（簡單物品）。在孩子購物過程中，大人可以進行「監督」，孩子完成購物行為時，做出中肯的評語，鼓勵孩子繼續進步。透過購物讓孩子體驗用錢交換物品的行為，讓他知道，這就是最簡單的流通。

第九課 讓孩子學習看商業廣告

在理財中，商品的選擇和資訊的收集是相當重要的，資訊很大部分來自於廣告的推廣和散佈。

電視節目看到一半，中途插進了廣告，廣告究竟是什麼東西？廣告是為商品和企業做宣傳的工具，俗話就是「廣而告之」。在廣告中，我們能給孩子多少教育的機會呢？

有一天小紅和父親說，她想去香港海洋公園玩。小紅的父親很驚訝，連他都不知道香港有個海洋公園，原來孩子是透過電視廣告知道的。小紅的父親覺得這是一個很好的教育機會，於是就把什麼是廣告一一說起。

廣告大體分為公益廣告和商業廣告。公益廣告宣傳的是諸如社會道德之類，而商業廣告的針對性很強，是針對某件具體的商品而做的宣傳。

既然是有針對性的，那麼廣告就可以說是以贏利為目的的商品和勞務廣告，又有

人稱它們為經濟廣告，主要是生產、流通以及服務行業的廣告。商業廣告用以宣傳商品和商品的生產，以及為生產和生活提供的服務發佈資訊。

如今的廣告無孔不入，製作水準也越來越高，欣賞性越來越強，如何去看廣告成了一門有意思的課程。

品評廣告的優劣，是一門很高深的學問。但是不管怎麼樣，能起到「廣而告之」作用的廣告都是好的廣告。

有人認為廣告的好壞不關自己的事情，那是廠家、商家的事情，這其實大錯特錯，想真正成為理財高手，廣告是一門不得不修的學科。孩子的欣賞水準受到生活經驗的限制，但他們的接受能力卻意外的比成人強，要培養他們的理財意識，可以從廣告下手，給他們以額外的經驗。

畫面優美的風景，悄悄的跳出廣告的目的，同時把風景和商品結合起來宣傳，這樣的廣告怎麼樣？你可以問問孩子，看他們的反應，他們說好或壞都沒有關係，只要有他們的理由。

家長也要給個好或壞的理由。某個廣告太單調，你可以告訴孩子這樣的廣告後果是什麼。培養孩子對廣告的鑒別力，對孩子的成長很有幫助。首先可以讓孩子知道

商家對產品的包裝手段，有些商家注重自身的產品外觀，有的廣告側重宣傳產品的功能，還有的產品宣傳自己的品質和企業形象……所有這些都表明了一個意思——宣傳自己。

看廣告的好壞，當然還要鑒別廣告的真假。一些誇大產品功能的廣告就違背了廣告的目的，孩子不知道什麼是真什麼是假，從小培養他們鑒別，這對孩子今後的判斷能力很有幫助，在選擇投資時能很果斷的做出決定。

廣告都是商品為了宣傳自己而存在，那麼消費者如何在廣告中得到自己需要的資訊呢？企業做廣告，肯定是宣揚完美的一面，在商業廣告中，消費者如何識破企業的不足呢？

小紅看了海洋公園的廣告後，說想去那裡遊玩。父親問為什麼？她說那裡的環境好美。海洋公園的廣告側重宣傳的不是海洋生物的豐富性，而是講海洋與和平的互動，這樣的廣告概念化了自己的「商品」，點出了主調（和平環境），達到吸引遊客的目的，這樣的廣告是成功的。

廣告要抓住消費者的心理，從消費心理找切入點，一擊就中，才能達到滿意的效果。評價廣告還可以拿同一功能的商品廣告做比較，就像POLO車和賓士的廣告對

比，在宣傳車身和車的造型功能方面哪個更吸引人？透過對比，孩子漸漸會明白廣告的優劣，慢慢的也就學會了「品味」商業廣告。

千萬不要小看了這樣的評價能力培養，對商品的選擇和資訊的收集在理財中是相當重要的，特別是購物和投資的資訊很大部分是透過廣告的推廣和散佈。

理財不是守著錢過日子，這點得讓孩子明白。

而讓孩子明白怎麼樣更好的宣傳自己、包裝自己，這點更重要。

評價商業廣告，釐清主調什麼樣子是好的，有效的，無形中也學會該怎麼樣去包裝自己和推介自己。雖然自己不是商品，但是在社會競爭中，能先做好準備，總是好的。

【理財訓練】

1. 陪孩子一起看廣告，告訴他廣告在說些什麼。特別是兒童節目時段，出現的多是針對兒童的商品，這時你就可以很輕鬆的把廣告的意思對孩子講明白。出現其他廣告時，用你的理解和經驗，告訴孩子這個廣告是在講什麼。和孩子一起看廣告，讓孩

子明白廣告的終端目的是宣傳。

2.和孩子一起分享看廣告的心得，讓孩子明白什麼樣的廣告是有效的。現在的媒體廣告很多，魚龍混雜，和孩子一起分析廣告的好壞，能提高孩子的鑒別能力。遇見好的廣告，你要告訴孩子好在哪裡，庸俗的廣告你也需要告訴孩子，這樣的宣傳效果不好。和孩子一起分析，一起分享，孩子就能慢慢的養成眼光，知道怎麼樣包裝宣傳才更有效。

3.與孩子一起設想如何把自己廣告出去，應該如何包裝自己。和孩子看了那麼多的廣告，在孩子對廣告有所瞭解後，家長可以讓孩子學著廣告的樣子包裝自己，然後推銷自己。這是一個很有意思的遊戲，你可以提問，告訴孩子身為觀眾你想知道什麼，在這樣的遊戲中，孩子很快就能掌握廣告的目的和應該怎麼樣去宣傳。

第十課　讓孩子瞭解打折、優惠的概念

折扣其實就是一種折而不扣的行為。隨著年齡的增長，孩子會漸漸懂得折扣在商業活動中的重要性，因為它的確吸引了大批的消費者。

小江帶著孩子走在大街上，時常可以收到一些商店散發的傳單，大多是宣傳商品在打折，優惠多少。一雙愛迪達的鞋子原價五千多元，現在打了五折，只要二千五百元。這是很吸引人的折扣，小江把傳單給孩子看，並且說：「爸爸想買一雙鞋，剛好這雙鞋子在打折，你說爸爸要不要去買？」

孩子不知道打折是什麼意思。小江就從折扣開始說起。所謂的折扣，是指對商品按百分比調整的方式進行商品的讓利。五折就是原價的百分之五十。

但這不是無條件的讓利，為了讓孩子知道商家為什麼要打折，小江決定帶孩子去一趟傳單中的商店。

按圖索驥，小江和孩子很快找到了折扣鞋子的櫃檯。小江讓孩子幫自己挑選一

款。孩子馬上幫父親選了一雙最新款的鞋子。櫃檯的售貨員卻告訴江先生，這款鞋子不在折扣範圍。江先生故做驚訝，拿出了傳單要求證實。結果，售貨員是對的，因為它上面沒說所有的愛迪達都有折扣。

孩子以為這是騙人的廣告，江先生於是趁機把折扣的原理告訴了孩子。

所有的折扣並不是虧本銷售。如果把市場比喻成海洋，把消費者比喻成海裡的魚，那麼折扣其實就是商家拋向海裡的釣餌。

折扣看著好像是虧本在賣，其實不然，它的附加效應值遠遠高出了它所捨讓的價錢。比方說，江先生原本想買一雙鞋子，但他不是很急，起碼逛街的那天他沒打算買鞋子，然後他衝著折扣去了商店。這樣吸引消費者，提醒和暗示消費者的購買欲望，廣告效果應該說是成功的。

讓孩子明白這一點，也就是折扣的秘密，折扣是犧牲差價來帶動其他商品消費的一種手段。

原來需要全價，現在有折扣價，如果是打算購買原價商品的消費者，此時一定按耐不住喜悅前往查看，這無疑就等於給商家一個向消費者遊說的機會。

折扣暗藏玄機，但也不表示它是假打折真銷售。

江先生如果購買指定的鞋子，他的確可以拿到優惠價，這就說明廣告不是虛假的。這樣的促銷手段讓江先生和他的孩子明白一個道理：折扣是誘餌，促銷商品才是他們的目的。

隨著年齡增長，孩子會漸漸懂得折扣在商業活動中的重要性，因為它的確吸引了大批的消費者。

讓孩子明白什麼叫做商業活動，可以和孩子做一個算術遊戲。

一款衣服賣一個季度的銷售數量是三十件，每件利潤二百元。

還是讓出這款衣服利潤的百分之四十，每件利潤一百二十元。

兩相比較一下，商家就在其中發現了商機。

一個季度中，衣服已經銷售了三十件而面臨換季，也就是說，這款衣服在一個消費層裡已經趨向飽和，為了把更多的衣服售出，只有向低一層次的消費者展開銷售戰略，於是就降低價格，來吸引另一類客戶群。

和孩子講完這些，孩子會明白降價打折並不是簡單的拋售商品，而是有計畫的清理市場消費者的層次。

當然，折扣還可以帶來很多的市場效應，最起碼它給商店帶來了人氣，帶動了其

他商品的銷售。

如果想給孩子們講得更簡單點，折扣其實就是一種折而不扣的行為。

【理財訓練】

1. 教會孩子折扣是什麼。價格上的百分比降價，五折就是原價的一半，八折是原價的〇・八倍。

2. 告訴孩子折扣宣傳，並不是所有的東西都打折。和孩子去正在折扣宣傳的商店，看看什麼樣的商品在折扣，它和其實商品有什麼大區別。看看東西，然後對比，發現一些商品不同的地方，和孩子討論，為什麼許多商品不折扣。

3. 告訴孩子折扣不會讓商家虧錢。用講故事和算術遊戲的方法和孩子算一筆賬，看看商家在折扣的時候到底有沒有虧損，還是又大大的賺了一筆。

第十一課　告訴孩子哪些才是價廉物美的商品

物美價廉是理財支出中重要的一環，不恰當往往適得其反，看似便宜實則大大的浪費了。理財中的支出一環，看似簡單，其實還是需要大量的經驗累積，所以早點讓孩子接觸是沒有壞處的。

商品琳琅滿目，有各種各樣的品牌和造型。去街上逛一圈，光是電鍋就有十多個品種，雖然功能差不多，價格卻不一樣。

在理財功課中，用合適的錢購買合適的東西，這是很基本的作業。孩子在前面的功課中已經學會了購買簡單物品，還對商店的折扣活動有了瞭解，現在就該教他們如何擬定採購計畫。

小明最近很頭痛，因為媽媽準備讓小明去採購些東西，清單已經有了，但是媽媽說東西必須是物美價廉的才能買。物美價廉這一點讓小明很頭痛，什麼樣的東西才叫物美價廉呢？

從字面上分析，物美，所指的是物品的好壞；價廉，毫無疑問是指價格要便宜、合適。

什麼樣的東西才叫做好呢？首先它應該是件合格的產品。合格的產品應該有生產廠家、生產日期、標準的產品合格證書（檢驗）。這是最起碼的三有，當然好的產品還需要完善的售後服務體系。

說到價廉就比較簡單了，在品質相同的情況下，價格低的自然就屬於價廉的。

籠統的說，物美價廉其實就這麼簡單，但是細分起來卻很複雜，這需要很多生活經驗和消費知識。孩子的接受能力很強，但是跳躍式的學習和拔苗助長一樣不可取。

小明終於硬著頭皮去商店，他展開清單，第一項是味精，他走到調味品貨架，那裡有四種品牌的味精，他一眼看見了自己家裡一直在用的牌子，卻有三種包裝，分別是一〇〇〇克裝、六五〇克裝、二五〇克裝，價格分別是八六元、五八元、三五元。

小明開始按每克重量算，一〇〇〇克的最合算，於是小明拿了一袋放在購物籃裡。

現在小明要買清單上的魚了，清單上寫的是一條，按價廉的簡單原則，小明要了一條價格最低的。

回到家裡，母親開始盤點小明買的東西，同時指出，一千公克裝的味精是對的選擇，但是那條魚就不對了，因為雖然它價格便宜，但是不夠新鮮。

物美價廉是理財支出中重要的一環，不恰當往往適得其反，看似便宜實則大大的浪費了。理財中的支出一環，看似簡單，其實還是需要大量的經驗累積，早點讓孩子去接觸是沒有壞處的。

現在的產品多樣化，每一樣都有自己的特色，如果仔細認真的去辨認商品的品質和價格的等差，將會有很多發現。

不同品牌有不同的知名度，也就形成了不同的價格，不同產地的同類型商品也有不同的價格，比如美國進口和國產的就有區別，因為進口貨物都要加上關稅，所以額外的商品附加額就高了。

和孩子多講講商品等級劃分、價格體系，總歸是沒有壞處，孩子多一分知識就少走一點彎路，慢慢的引導能讓孩子漸漸成為理財高手。有一天，小露露和媽媽去超市購物，貨架上的東西真多，價格也都不一樣，於是小露露就問媽媽，為什麼重量和東西都一樣，卻是兩種價格？媽媽笑了笑，把不同價格的商品包裝給露露看，兩樣一比較，露露終於明白為什麼價格不同了，因為它們的產品等級不一樣。從此露露就多

了個心眼。有一次一家商店在打折，就在爸爸要買下一件襯衫的時候，露露發現了問題。露露發現原價二千的襯衫是一級品，而在打八折的襯衫是二級品。這商家其實是在欺騙顧客，二級品的襯衫原價還不到一千二百元，打著折扣的幌子在欺騙顧客。露露的父親差點上當，還是露露眼尖，發現了問題。

產品的等級直接影響著價格，告訴孩子要求價廉的同時，還要注意產品的品質，才不至於一味的追求價廉而忘了物美。

【理財訓練】

1. 讓孩子知道什麼樣的商品是合格的。告訴你的孩子合格產品應該有生產廠家、生產日期、標準的產品合格證書（檢驗）。這是最起碼的三有，當然好的產品還需要完善的售後服務體系，有一些東西還要看包裝上的有效期限，特別是真空包裝的食品是不是有破漏等等。

2. 給孩子機會去挑選商品。可以帶著孩子去超市，把購物籃交給孩子，和他說今天由他做主採購東西，家長可以在一旁協助，但不要參與太多，連提示也可以少一

些，讓他們自己做主。給孩子挑選商品的機會是要鍛煉他對商品的鑒別能力，同時提高他們精打細算的能力。

3.多給孩子講講關於各種產品的價格差。也許你的孩子不知道商品的品牌不同，價格也是不同的，那麼你就該和孩子講講關於商品品牌的概念。你可以問孩子「進口的為什麼比國產的要貴？」不要太主動的和孩子嘮叨太專業的知識，因為孩子不一定能接受，多用現實中的小問題來引導孩子思考，這樣的效果往往更好。

第十二課 讓孩子明白什麼是購買能力

孩子能夠存些零花錢了，他們就有機會接觸到真正的自主消費。在消費的過程中，家長可以引導他們思考購買能力的問題。

理財過程中會碰到很多需要選擇和決定的事情，在選擇時往往需要考慮到一個問題——購買能力。

考慮購買能力是兩方面的，一方面是消費者衡量自己的購買能力，另一方面是廠商從市場策劃的立場考慮大眾的購買能力。

孩子能夠存些零花錢了，他們就有機會接觸到真正的自主消費。在消費的過程中，家長可以引導他們思考購買能力的問題。

雖然購買能力的綜合研究是很難的，一般人也不會具備這樣的能力，但是可以淺略的和孩子講些關於購買能力的種種，抛磚引玉。

小莫已經十四歲了，他一直想要一支手機。經過努力，他終於存夠買手機的錢，

準備去買一款手機。

小莫的父親知道這件事情，就和他聊天，談到手機價格、性能，最後，父親問小莫，有手機後，手機話費怎麼解決。這一下子難倒了小莫。

手機在使用過程中需要持續的投入資金，也就是話費，所以持續的話費支出也應該算入購買成本。

有能力購買手機不一定有能力繳話費，這就是讓小莫難為的事情。

小莫對自己的購買能力沒有好好的評估，所以在關鍵時刻卡住了。評估自己購買能力還要算上自己的附加投資，比如持續的話費，比如額外的維護保養費用。消費者考慮的是購買，商家要考慮的是怎麼樣去賣，也就是定位消費群。

確定消費群對商家的市場規劃很重要，通常情況下，商品的宣傳促銷都是以降低自己的購買成本來吸引消費者。

就像手機和話費的捆綁銷售就是一個成功的例子。買手機送話費，或者交話費送手機，鼓勵了很大一部分消費者樂於買進。

送話費的是手機經銷商，他們在手機上得到利潤；送手機的多是通訊公司，他們賺取通訊費用。如果消費者減少了另一方面額外支出的顧慮，比如有手機就省了話

費，交了話費就有手機，那麼促銷手段自然就成功了，許多消費者不再徘徊，成了商家的準客戶。

和孩子講些不考慮後果的購買行為例子，他很快就會領悟到並不是買得起就算有購買能力了。在理財規劃中，還講究輕重緩急，什麼是必須要的，什麼是可以暫緩的，這都是需要考慮的。

所以說購買能力的綜合評估很重要，培養孩子邏輯性的思考問題，漸漸養成有計畫的消費，能節省下不少資金和累積不少理財經驗。

【理財訓練】

1.和孩子一起討論購買能力是什麼。告訴你的孩子購買能力是兩方面的，一方面是考慮自己的購買能力，另一方面是站在市場策劃的立場，考慮大眾的購買能力。可以和孩子舉身邊的例子，像是家裡存摺的錢夠買一台名牌進口冷氣機，可是家裡為什麼不買呢？那是因為現階段購買國產冷氣機正是自己家的消費能力所能負擔的。這樣孩子就很容易理解，什麼叫能購買和購買能力的區別。

2. 培養孩子對購買能力的綜合理解。不只是單純的購買，而是要合理安排自己的資金流。有購買能力，是否就要即刻購買等等。孩子理解了這些後才能提升理財能力，約束自己儘量不因為衝動而購物。

第十三課 讓孩子知道金錢需要勞動獲得

從小灌輸勞動的重要性，不僅對孩子養成熱愛勞動的習慣有幫助，還對孩子的理財本領有直接影響。

一個禮拜要上五天班，和孩子在一起的時間很少，但是他們習慣了，因為日子一直是這樣過的，所以他們很少關心你為什麼要去上班。不要以為孩子知道你一天忙到晚是在勞動，他們一開始就覺得你們本來應該這樣生活。

孩子不知道上班是為了什麼，還以為父母的生活方式本該如此，而他們的生活就是什麼都不用發愁擔心，他們比較關注父母什麼時候回家。雖然說這些東西等孩子長大了自然就懂，但被動的懂得與主動的求知，效果是不一樣的。從小灌輸勞動的重要性不僅對孩子養成熱愛勞動的習慣有幫助，還直接影響孩子的理財本領。

勞動為的是什麼？直接講是為了自己能得到需要的東西。

但是現代的分工不能透過勞動直接獲得所需物品。一個在電視機工廠上班的人，

月底拿到的不是糧食；一個農民一年勞作得到的不是一台電視機。想得到自己所需的東西，需要靠交換來完成，電視機工廠的工人透過勞動，生產出電視機；農民透過勞動，生產出糧食，再將勞動成果進行交換，這其中需要一個簡單衡量物，那就是「錢」（貨幣）。電視機工廠的工人得到的不是電視機，而是電視機賣出去後得到的勞動所得「錢」，農民生產了糧食，用糧食去兌換錢，再用錢和電視機交換。

告訴孩子在這個過程中改變的不僅僅是自己的生活，而且直接推動和維持著社會不斷的進步。勞動的意義遠不止得到應有的所得，放開社會學不去討論，我們會發現直接和我們有關的就是「錢」這種東西。

「錢」是什麼，成人都明白，但是孩子不一定明白，他們大多知道用錢可以換取很多東西，但不一定知道錢是怎麼來的。

錢是勞動才能得來的。這就是給孩子的答案。

勞動是人類特有的行為，透過勞動得到金錢，然後利用金錢換取所需的東西，自己的勞動成果同時成為別人需要的東西，就在這樣的活動中合作、互利、相依賴。

告訴孩子同一個時段的勞動，成果卻不一樣，勞動的付出也不一樣，所以就有了不同的金錢報酬，即所謂的工資。

工資有高有低，但不代表工資高的就比工資低的體力付出要多，這要從很多方面來細化研究，但是和孩子說到這裡也就夠了，其他知識他們慢慢的會從書本和課堂上學到。我們要和孩子強調的是金錢只能透過勞動得來。

不勞而獲的東西是不合理的。透過勞動得到的才是合理之財。凡事都有遊戲規則，在規則中一旦誰觸了線，那是要受到懲罰的。

孩子零用的錢多是父母長輩給的，他們未必知道這些錢是怎麼來的，所以有必要和他們談談勞動的概念。

小明有一天在路上撿到一個錢包，他把錢包拿回家交給母親，小明母親透過錢包裡的資訊找到了失主，並把錢還給了他。小明的母親覺得這樣可以教育孩子拾金不昧的好品德。哪裡想到當小明再一次揀到錢包後居然自己做主把錢留了下來。十幾年後，小明犯罪被捕，在監獄裡，心理學家問他為什麼會走上這條路。小明說因為從來沒有人告訴他錢是怎麼來的，他只知道錢是不刻名字和記號的，在誰手上就是誰的。

一個小小的細節居然斷送了一個孩子本該美好的前程。如果小明的母親在他把錢包交給自己的時候順口和他講講錢是從勞動中得來，像這樣撿到的錢不屬於自己的，那麼孩子也不至於再次撿到錢時自己留用，並給自己的人生留下污點。

【理財訓練】

1.告訴孩子勞動是為了什麼。勞動就是生產一些自己需要，同時別人也需要的東西，生產這些東西可以獲得一定的報酬。讓孩子知道，自己每天上下班其實就是在勞動。

2.和孩子討論為什麼同樣時間內所得到的勞動報酬會不一樣。告訴孩子因為不同的地域生活水準有所不同，所評估出的工資（勞動力）也就不同；生產不同，所產生的效益不同，所以在同一時段內得到的薪水也不同；所從事的專業技術要求不同，得到的工資也不相同。你可以把身邊的事情告訴孩子，比如把母親的工作和父親的工作進行比較，來講解薪資水準不同的原因。

3.讓孩子知道，只有透過勞動才能合法得到金錢。告訴孩子金錢的獲得只有一條途徑，那就是勞動。你可以舉些不勞而獲的反面教材來說明不合理途徑得來的錢會有怎麼樣的後果，加深孩子的主觀認識。

第十四課　讓孩子意識到錢來之不易

讓孩子知道錢來之不易，才能讓他們正確的對待錢；這更要讓他們知道，雖然父母給孩子錢的時候沒有一絲為難，但不代表這錢是不值得珍惜的。

A市發生了一起重大搶劫案，警方幾乎沒有什麼頭緒。然而案發三天後，警察抓住了參與作案的歹徒，而且很快的把所有的案犯抓獲。

警察沒有什麼秘密武器，也沒有電影那般玄乎其神的臥底幫助，他們靠的就是很簡單的盤查。

警察知道，得手後的歹徒一定很得意，因為他們幾乎沒留下線索，因為太得意了，就會放鬆戒心。又因為錢得來太容易，就不加珍惜，所以警察的盤查重點就是突然間冒出來的高消費人群。

歹徒正是在高消費場所被找到的，他們還自覺被抓得莫名其妙。

一個小故事，好像和理財沒什麼多大的關係，但是故事很明確的告訴大家，錢的

來源直接影響到人對錢的態度。

對還不可能參與勞務的孩子來說，所有的生活消費都靠父母給予，所以孩子對錢的態度如果不加以管束和引導，很容易造成他們今後對錢錯誤的認識。

「錢來得容易嗎？」這是一個很容易一起討論的話題，每天準時上下班，堅持的不是一個月，而是那麼長一段時間，可能是十幾年，可能是幾十年。這錢來得不容易，是靠捨棄大多數時間換來的。說到時間和金錢，可以用粗糙的手法算個數學題，一個月的薪資除以上班的天數，然後再除以每天上班的時間，得出的結果肯定會讓孩子知道這錢不是白來的，一個月幾千幾萬，賺得都是那麼的辛苦。

也可以帶孩子感受自己工作的環境，讓他們知道工作的時候是不可能做其他事情的。工作，不管是坐辦公室的經理還是流水線的工人，都很辛苦，相對的都不自由，用自由換來的金錢難道不是很辛苦嗎？

從最底層的工人和農民，到白領的經理、總裁，他們的時間都是不自由的，讓孩子去感受錢的來處，進一步引導孩子發揮自己的想像，應該怎麼樣合理的用錢（支出）。

理財其實也不神秘，不是高不可攀，只要注意觀念的培養，正確對待錢，那麼成

為一個理財高手其實並不難。

讓孩子知道錢來之不易，才能讓他們正確的對待錢；更要讓他們知道，雖然父母給孩子錢的時候沒有一絲為難，但不代表這錢是不值得珍惜的。只有珍惜錢，才能對錢的使用進行謹慎處理，不浪費是最起碼的一條。

浪費和節約歷來是相對立的，節約並不是說省略應該有的生活消費，節約是指儘量的不去浪費生產和生活資源，能重覆使用的就重覆使用，能回收加以利用的就回收利用，這樣既不影響生活又可以節省下不少的資源和資金，用於其他事情的開支。

在日常生活中，偶爾和孩子去一次餐廳吃飯，點菜時就可以訓練孩子的估算能力，看這次點的菜是不是能剛剛夠用，是不是浪費了。在潛移默化中，孩子就會漸漸懂得節約也是需要智慧的。

【理財訓練】

1. 告訴孩子錢是從哪裡來的，來得是否容易。和孩子一起體驗賺錢的辛苦，讓他們知道錢來之不易。可以帶孩子去自己的工作場所或者農村體驗工作的辛苦，教育孩

子珍惜金錢。

2.培養孩子不浪費的習慣。和孩子去餐廳吃飯，點菜時就可以訓練孩子的估算能力，看這次點的菜是不是能剛剛夠用，是不是浪費了，比如兩個人根本吃不完一隻烤全雞，你可以問孩子要不要點烤全雞，注意觀察孩子，在他快動搖時，你和他說，烤全雞太浪費了，如果點一小盤烤雞，那樣既不浪費又能吃到美味。為了表示你的誠意，你可以建議等下次人多的時候來點這道菜。

3.和孩子一起感受節約後的快感，當成是一次智慧的勝利。比如估算就餐需要的菜和飯，剛剛夠用就表揚孩子聰明，如果稍微有點浪費也不要責怪，大家把剩下的打包帶回家。在家裡用打包回來的飯菜，孩子會記住這次有意思的就餐經驗。

第三部分

理財基礎：快樂實用的生活理念

抓住今天的快樂，規避明天的風險，追求未來更加快樂的生活，是應該讓孩子從小就明白的生活理念。要讓你的孩子既不當「土財主」，又不做超前消費的「月光族」，珍惜和過好幸福生活的每一天，就必須讓孩子知道如何建立起一個與個人、家庭生活階段、健康狀況、消費預期、職業特點等相匹配的避險體系，做到未雨綢繆。

所有的學習都是為了生活，所有的作為都是為了快樂。不要以為理財就是乾巴巴的過日子，省錢、省錢、再省錢，我們理財是為了快樂這個根本。孩子學習理財要先打好基礎，循序漸進，理財高手也許就是你的孩子。

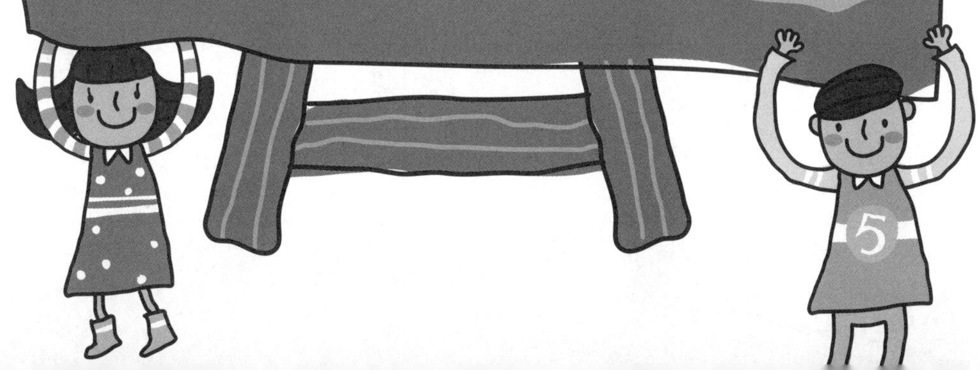

第十五課　保障基本生活，告訴孩子有盈餘才能投資

靠儲蓄不一定行，但是不儲蓄，甚至連日子都過得沒計畫，那麼即使是自己父母也不願意借錢給你的。不要小看儲蓄，這是個好習慣。

剛開始工作的人會有一種想法：「照現在這樣工作下去，想攢點老婆本都難。」是啊，剛出社會薪水本來就不高，待遇不會很好，更讓人難受的是，這樣的狀況還要持續很久，也許幾個月，也許幾年。

有剛出社會的人甚至比沒工作前還窮，開始負債。這是什麼原因造成的呢？歸根結底，是因為對自己的收入沒能很好的規劃和設計。

不會規劃和懂得規劃生活，在實踐上有很大的區別，然而，規劃也不是一兩天看看書聽聽課可以學來的，它是一個漫長的經驗累積，從小的時候就開始培養，可以達到事半功倍的效果。

資金的收入和支出要合理，不能兩千的薪資做三千的計畫。基本生活的支出占支

出總額的百分比不能太高，一旦高了就容易造成入不敷出的局面。小茗的母親有一天和小茗玩一個叫資金流的小遊戲。遊戲前提是當事人每月的薪水三千元。

遊戲開始了，小茗的母親拿起紙幫小茗記錄，小茗開始計畫他一個月中的每一天生活。母親問小茗，周一到周五是上班日，下班後做什麼安排，周末又有什麼樣的活動，然後一一羅列。結果讓小茗吃驚的是，他的三千元薪水居然在月初就已經花完了，「那剩下的日子怎麼度過呢？」母親問小茗。

這其實不止是個遊戲，也是現實生活中常常遇見的問題，如果小茗在支出中多考慮基本生活的保障，也不至於到這樣尷尬的境地。

很多富翁都不是一夜暴富的，甚至很大一部分都是普通人，沒有遺產和額外的贈予，但是他們最終成為富豪。不難想像他們是靠其他途徑（工作外的投資）來達到他們現在的財富水準。

這裡就出現了「如何投資」的問題，在考慮這個問題前，先要想清楚自己怎麼樣才能去投資。

投資的錢從哪裡來？

靠儲蓄不一定行，但是不儲蓄，甚至連日子都過得沒計畫，那麼即使是自己的父

母也不願意借錢給你。不要小看儲蓄，這是個好習慣。

總之，能保證基本生活後餘下的錢才可以投資，有投資才可以有機會創造更多的金錢，擺脱困境。

現實生活中，在銀行很有信用的人大多是節儉的人，有很大一部分都是從保障自己的基本生活開始的。香港富豪李嘉誠就是其中典型的一例，他已經擁有了鉅額家產，可他的生活還是很簡樸，用他自己的話説，他從小就知道基本生活的保障就是最大的幸福。從另一個層次講，只有注意保障自己基本生活的人才可以有發展的前途。

保障基本生活其實也是「對自己的生活負責」。每一個人對自己生活的要求不同，基本生活開支也就不同。家長應該在孩子未就業前就告訴孩子，初入社會最低要求就是保障自己的基本生活。只有懂得保障基本生活的人，才可以有計畫的拓展自己的事業。

生活中有所盈餘更是為了應付突發事件，你應該告訴孩子生活中有很多意外。所謂的意外就是在預料之外，也有些是預料之內但很難説準具體的嚴重程度，比如生病。所以説，生活中有盈餘也是對自己的一種負責態度。

【理財訓練】

1.讓孩子知道什麼叫基本生活保障。告訴孩子，基本生活保障就是能讓自己簡單的維持生活。因為生活的環境不同，所以要求也不同。不要叫孩子拿不同地區的基本生活做標準，看看身邊的父母是怎麼樣生活的，和孩子講父母自己剛創業或走進社會時是怎麼樣生活的故事，教育孩子發展的前提是保障自己獨立的生活下去。

2.告訴孩子為什麼一定要使自己有盈餘。和孩子說保障基本生活不是目的，它只是一個前提。自己要想發展，就要設想到日後的投資理財。告訴孩子有所盈餘並不是就靠盈餘下的錢來做投資，有所盈餘一方面是為投資做準備，另一方面是針對自己生活中的意外而準備的。可以和孩子講某某因為平時沒有盈餘而導致在突發事件時手足無措，教育孩子一定要做個有盈餘的人。

第十六課　投資是為了讓生活過得更美好

孩子在意識到溫飽並不是最高追求後，他會漸漸明白投資是一件很美好的事情。

勞動創造財富，勞動的目的不是簡單的使自己溫飽，而是為了更好的生活。財富不是天生造就的，它需要創造，狹義上講就是去投資。

把多餘的錢放在銀行或者自己家裡，錢不會增值，特別是當銀行一再的降低儲戶利息、稅務增加，靠銀行利息增值這樣的老辦法已經慢慢的行不通了。那麼多餘的錢應該怎麼處理呢？現在的人越來越依靠專業公司來打點自己的多餘資金，但世間並沒有無風險的投資公司，在風險中得到的利潤也並不一定和期望值相等，但是一般人大多不知道該怎麼處理自己的錢，也就是所謂的理財。

投資的目的只有一個——使自己的財富在投資過程中創造出新的財富來，財富的增值目的是為了使自己的生活品質提高，讓生活過得更美好。

不要小看投資，和非投資資金相比，投資資金在流通的過程中會漸漸產生附加價值；而非流動資金，也就是俗話說的「死錢」，會在金融的大調整中慢慢貶值。一個是增一個是貶，應該選擇誰一目了然。

孩子不一定會明白投資是什麼意思，應該先讓他們知道，投資是使自己生活更美好的手段。

小靜的父親是個銀行員，他常常和孩子玩一個遊戲——怎麼樣使自己生活得更好。當然遊戲的主角不是人，而是一隻狗。小靜的父親喜歡用資料去說服孩子，這個資料通常由孩子親自算出。有一次，孩子設想說，把剩下多餘的狗糧先存起來，等沒有食物的時候就可以拿出來享用了。

這是一個很傳統的計畫，飽時不忘餓時饑，儲備糧食，這和到銀行存錢的儲戶心理相差不遠。

小靜的父親並不滿足孩子的答案，他希望聽見一個更好的方案，但是沒有多少社會經驗的孩子的確不知道另外更好的辦法是什麼。

「把食物儲存起來，這樣就可以防備沒有食物的一天，可以想到，狗的基本生活已經有了保障，但是牠沒有過得更好。」小靜的父親已經悄悄的影響孩子的觀念。

孩子在意識到溫飽並不是最高追求後，會漸漸明白投資是一件很好的事情。為了讓狗的日子過得更好，孩子開始想像怎麼樣把食物變成其他的東西，於是想到了轉換，孩子終於明白投資的意義在於把多餘的東西轉換成其他自己所需的東西。

儲存並不是目的，儲存是為了累計投資的資本，投資的目的是為了使自己的生活過得更好。

遊戲歸遊戲，現實生活並沒有遊戲這麼簡單。不過有一點是相同的，那就是用投資的方法使自己多餘的財富變成其他增值的東西，這樣生活能過得相對進步。

財富和生活快樂與否是不能劃等號的，這些孩子最清楚。家裡沒有錢的孩子和他們一起上學一起遊戲，他們的日子過得一樣快樂。暫且不去管快樂的衡量標準，有一點是肯定的，那就是精神上和物質上的幸福兩者不可缺少。

投資是一種手段，目標是把死錢變活。告訴你的孩子快不快樂不是看投資後賺了多少來衡量，賺多和少只是物質上的，我們應該教育孩子更注重精神上的東西。讓孩子知道，投資並不是簡單的把錢變更多，投資是為了締造和享受快樂。

【理財訓練】

1. 和孩子一起做個假想投資的遊戲，讓孩子明白投資的方式是使財富增值。可以和孩子這樣玩：你在紙上畫十幾個圓，並且標上位數，然後用抽籤方式決定雙方佔有的圓圈；你們可以在圓圈上建房子，也可以在圓圈內建造自己覺得滿意的設施和投資方案；原始資金只有很少的十萬元遊戲幣，遊戲的勝利條件是在圓圈內的投資，誰的效益更大。

2. 告訴孩子，為了使生活過得更好，應該學會投資，投資是使生活過得更好的有效途徑。不要以為和孩子講股票他們聽不懂，其實他們也很想把學到的東西運用一下。告訴孩子任何投資都是有風險的，也許正是這樣的風險誘導孩子挑戰風險的欲望。

第十七課　讓孩子瞭解納稅和社會保障

告訴你的孩子，稅務徵收在國家建設中的重要地位。社會保障的資本是以正常稅收為前提。多些制度上的對比，讓孩子知道各個國家的稅收特色，加深他們對稅收的理解。

每個國家都有自己的稅務制度，稅務的目的是使國庫充盈，那樣國家才有能力實行各項國家行為，包括造橋修路等建設。

和孩子說明為什麼要納稅前，我們應該和孩子講講現在制度下的稅務有那一些？和個人密切相關的要屬個人所得稅了，個人所得稅的演算法每個國家不同，但它們不是胡亂定的，是根據平均個人經濟收入等複雜過程來定的。荷蘭有相當完善的社會保障制度，失業有失業金，傷病有傷病金，而且國家對兒童實行十二年的免費教育。但這一切都來源於國民所交的稅金！

納稅的多少主要是依據個人的收入。雇主通常會在每年的一月或二月裡，向雇員

發出一張全年的所得清單，這張全年薪資所得表上的收入數額就是繳稅的基礎。

告訴你的孩子，稅務徵收在國家建設中的重要地位。社會保障的資本是以正常的稅收為前提的。多些制度上的對比，讓孩子知道各個國家的稅收特色，加深他們對稅收的理解。

稅收，只有國家稅務部門可以徵收。國家稅收究竟為了什麼？和你的孩子從身邊講起，儘量用周邊的事情來解釋。你可以告訴孩子街上巡邏的警察，他不是義務的勞動，他們雖然沒有直接參加生產性的勞動，可沒有他們，社會的安全會受到嚴重影響。那麼這些不直接參加生產的人靠什麼報酬來維生呢？國家就是動用了納稅人的錢去支付他們的工資。除了警察，還有很多不直接參加生產性勞動的人，比如軍人，比如一些國家公職人員。

除了這些，稅收還要支援國家的建設。我們常常聽說國家財政撥款多少多少進行某項工程的建設，告訴孩子那些撥出來的錢其實就是透過稅收制度籌集來的。

【理財訓練】

1. 讓孩子知道為什麼要納稅，國家社會保障和稅收的關係。告訴孩子，只有稅收制度得到遵守，國家才有可能進行各項發展，包括國家的安全防禦。

2. 告訴孩子其他國家的稅收制度。和孩子講講正在飽受戰爭痛苦的國家為什麼越來越窘困，戰爭會不會影響稅收？對比稅收制度不完善的幾個國家，從中讓孩子知道稅收的重大意義等。告訴孩子，讓他知道納稅是義務也是責任，國家社會穩定和納稅有直接關係，可以拿古代中國的歷史事件來說明國家稅收手段不彰，或者稅收在地方被貪污不能上交國庫導致的政府能力下降，並導致國防空虛等等故事。

第十八課　讓孩子知道為什麼要有家庭保險

讓孩子對保險有個初步認識是很有必要的，可以讓孩子早點接觸家庭保險的知識，你和保險員一起討論時讓孩子也在場，這樣他會學習得更快。

現代家庭必須具有保險意識，每一個家庭都面臨著風險，有風險就需要保險，那麼家庭可以參加哪些保險呢？社會保險能不能代替商業保險？和孩子講些保險方面的知識，讓他們知道怎麼樣有效的避開風險，甚至可以把保險當成一種投資行為。

投保是同保險公司締結一種民事法律關係，它有保險合約為依據。參加家庭保險要明確保險保障內容，確定保險金額，選擇保險公司，聯繫保險代理人，瞭解投保人的權利、保險事故發生後的報案義務、保險責任的限定及投保後必須掌握的防災防損知識、保險責任的限定等。

現在有許多適合家庭投保的險種，可大致分為財產保險、人身保險兩方面。財產保險又細分：機動車輛保險、家庭財產保險、住宅房屋及宅內財產保險、自

購住房保險、商品住宅綜合保險、信用卡意外損失保險、民用管道煤氣保險等。

人身保險險種更多：簡易人身保險、人身意外傷害綜合保險、養老金還本保險、特約附加住院醫療補貼保險、子女教育婚嫁備用金保險、重大疾病保險、個人養老金保險、老人年金保險、個人住院醫療綜合保險附加特約等等。

對保險的初步認識是很有必要的，如果真要投資保險，可以找保險代理人來講解保險商品的區別，設計自己的保險方案。讓孩子早點接觸家庭保險的知識，你可以在和保險業務員一起討論時，讓孩子也在場，這樣他會學得更快。

【理財訓練】

1. 讓孩子知道保險是什麼東西。和孩子說，保險是一種對未知風險而做的保障投資，它可以是投資型的，也可以是風險保障型的。
2. 告訴你的孩子，現在有哪一些保險。這就比較容易些，因為每家保險公司都有自己的各種保險專案特色，可以慢慢告訴孩子保險類別和種類。
3. 告訴孩子保險也是一種投資理財手段。

第十九課　告訴孩子哪些是生活的必須支出

讓孩子瞭解什麼是生活必需，慢慢體會生活的基本要素，對他們將來自理生活很有幫助，當然對理財也有加分作用。

孩子身為被監護人，他們很少知道監護人給予他們的生活是怎麼一回事，也就是說，他們很少知道生活需要付出什麼。

那麼，什麼是生活的必須付出呢？

衣、食、住、行，四個方面缺一不可。讓孩子去瞭解必須的付出，為的是讓他們知道必須以外的事物是「非需求」的。

小蘭快出社會工作了，一直以來她都是靠家裡供給，如今她要走進社會，學習獨立。那天小蘭的母親和小蘭聊天，說到了一個很基本的問題，母親問她怎麼規劃將來的生活，要知道小蘭剛工作，薪水一定不高。

小蘭說試用期是薪水兩萬元。那麼這兩萬元夠用嗎？

小蘭開始設想：七千元用於伙食，一千元用於交通，一千元是手機話費，四千元用於其他額外的消費，剩下七千元存銀行。

小蘭很滿意自己的盈餘，但是母親發現了她的誤差：小蘭沒有考慮到「住」和「衣」。也難怪，這些一直都是父母包辦。

生活必需付出的還不止這四樣。人在社會多多少少總會有交際，畢竟自己不是與世隔絕的活著，交際費用就是生活的一部分開支。

讓孩子瞭解什麼是生活必需，慢慢體會生活的基本要素，對他們將來自理生活很有幫助，當然對理財也是助益良多。

到底生活必須要什麼樣的開支呢？你可以讓孩子觀察現在家裡的開支，小蘭的父親就常常帶著小蘭去銀行繳納水費和電費等，甚至還直接把錢交給她，安排她去銀行繳納。這樣小蘭不但覺得自己是家裡的一分子，還覺得自己可以幫助父母做一些理財方面的事情，而感到自豪。小蘭的父母常常和孩子講生活的支付沒有別的用意，只是想讓孩子明白，支付是必須的，要不然生活就會因此而受影響，就如斷了電，沒有瓦斯等等。

讓孩子知道生活必須付出還有一個目的，就是讓孩子知道什麼是不一定必須付出

的，進而做到自我審視，不必要去浪費金錢。

【理財訓練】

1.讓孩子去觀察家裡都在開支些什麼。你可以告訴孩子家裡這個月用了多少電、多少瓦斯、多少水，然後和孩子假想萬一不為這些事物付出會是怎麼樣的處境。目的是讓孩子理解這些付出都應該在生活預算內，缺一不可。

2.和孩子一起分析小故事，指出故事裡的支出是不是合理的必須支出。家長可以和孩子講一些小故事，讓孩子來指出故事裡不合理的現象，從而加深孩子對必須付出的理解，在故事裡還可以有很多負面教材，用來警示孩子，引導孩子進行合理的理財。

第二十課　向孩子公開家庭財務情況

財務公開，讓孩子參與家庭的開支管理，讓他們覺得自己是家裡的一員，而不是純粹被保護的一個包袱。從小培養孩子民主的觀念，有什麼比這樣的教育更直接和有效呢？

每家都有一本理財經，記錄支出和收入，現在我想告訴大家，這不再是成人的事，你有必要讓孩子也知道這些帳目。

家庭理財其實可以讓孩子參與，起碼讓他知道，家庭是怎麼進行理財的。有的人覺得孩子太早接觸金錢對成長有負面影響，其實不然。公開家庭帳目不僅僅是一種教育方式，也是一種民主方式。

孩子是被監護人，但是他們也該有自己的權利和義務，比如知道監護人為自己做了些什麼。我們說父母的愛和家庭的溫暖是不可以用金錢來衡量的，在家庭財務支出方面公開化，有助於孩子理解父母在維持和操辦這個家時都付出了怎麼樣的努力。當

然，更重要的就是從小培養他理財的能力。

孩子在成長階段，學習的欲望和接受的能力都是相當強的，但如果一味的和他們講理論，孩子的學習就容易僵化，乃至到最後開始反感。每家都有一本理財經，這其實是一本很好的書，它所包含的知識是綜合的，很容易讓孩子明白什麼叫做理財。

孩子對理財的理解、對家庭建設的參與，能提高孩子多方面的能力和責任感。

小紅一直不喜歡聽父母講賺錢有多辛苦，維持家庭有多難，甚至為了向父母要錢而發脾氣。這樣的孩子在許多家庭都有，小紅父母實在想不出什麼辦法，於是求助專家。專家告訴他，孩子的本質不壞，只是她不知道錢來得不容易，所以有必要讓她知道，家庭的財務不能因為一個人的私欲而打亂。

小紅的父母於是就把家庭的財務公開，當然不是有意的在孩子面前展示，起先他們在自己臥室張貼財務表，每天記錄。孩子由於好奇就偷偷去看，開始她看不懂，但是家長也不解釋，孩子越發覺得非要把它搞懂不可，於是開始注意家庭的開支情況。等孩子看明白後，也就知道家庭的開支很大部分是為自己在花錢，於是漸漸懂得體諒父母，自己從此也對理財產生了興趣。

財務公開，讓該知情的人都知道情況，這樣有助於提升自己的理財水準，更能有

效的影響孩子的理財能力。要知道孩子不可能一輩子窩在家裡，他也將成家，自己新家的財務如果是一團糟，甚至是毫無計畫，這對孩子前途是很大的隱憂。

財務公開也是一種民主的做法，可以讓孩子參與進來，讓他們覺得自己是家裡的一份子，而不是純粹被保護的一個包袱。從小培養孩子民主的觀念，有什麼比這樣的教育更直接和有效呢？

【理財訓練】

1. 建立自己家庭的財務報表。這個報表可以是表格式的，力求簡單明瞭些，讓孩子能夠看明白。自己建立財務報表也是對家庭理財做一個有效的整理，大人在總結經驗的同時，孩子也同步學到了知識。

2. 向孩子公開家庭財務情況。可以利用孩子的好奇心理，張貼報表，孩子一定想知道報表說的是什麼，這時家長可以慢慢解釋報表的內容，讓孩子知道家庭的財務開支，培養孩子從小就有理財的概念和扎實的理財基礎。

3. 徵求孩子的建議，讓孩子參與家庭的理財。在一些家庭會議上，可以讓孩子參

與討論家庭財務，這樣有助於孩子的統籌安排能力，還能讓孩子發現自己原來可以像大人一樣為家庭理財做出貢獻，鼓舞孩子的積極性。

第二十一課　告訴孩子不要為金錢而工作

你可以和孩子這樣說，你工作的目的不是只為了錢，你還有很多事情可以追求，比如工作上的成就感，比如勞動的快感等等。

規律的上班、下班，難得有幾天的休假，這麼忙為的是什麼？

為了錢！很多人都這樣認為。

千萬不要把這種錯誤的思想傳染給你孩子，如果人完全只是為錢在工作，那麼工作的人就失去了生命的意義。

孩子的想法很單純，如果父母告訴他，他們每天上班是為了金錢，那麼他們就會覺得金錢的魅力高於一切。很簡單，為了工作，你不陪孩子一起嬉戲；為了工作，你沒時間去看孩子的棒球賽；為了工作，白天的大部分時間都互相不見面……孩子就會覺得，如果要選擇，父母依然會選擇金錢（工作）。其實這是大錯特錯。

是有不少人為了錢而工作，但事業有成的人並不是以得到了多少錢為衡量的標

準，家庭的快樂也不是因為家庭富有還是貧窮所能左右的，有很多是錢插不上手的。

但是，為什麼還有那麼多的人覺得，錢是唯一的目的呢？

錢（貨幣）可以交換許多自己需要的東西，特別是物質上的東西。但是精神上的東西，錢一般都起不了多大的作用，甚至還有反作用。小張家庭富裕，最近他喜歡一個女孩，初戀是美好的，兩個人交往一段時間後決定向父母公開。這裡有兩種可能情況，這分別取決於雙方父母對金錢的態度。一種情況是小張的父母用金錢來衡量孩子的女朋友；另一種情況是看人的本質評價女孩子。而金錢換不來的東西才是真正尊貴的。

那麼工作呢？錢是不是唯一的目的？

無可厚非，上班遲到要扣錢，早退要扣錢，曠工也要扣錢，是不是什麼都和錢掛鉤後，錢就是衡量你工作成就的標準呢？

關於這些，應該和孩子講清楚，不要以社會的陋俗來左右孩子的思想，要知道一旦成型，孩子再要改變回來是很難的。

「我不是為金錢而工作」，你可以和孩子這樣說。你工作的目的不是只為了錢，你還有很多事情可以追求，比如工作上的成就感，比如勞動的快感等等。上班如果只

是為了金錢，那就會因為上班而捨棄除了金錢外的東西，這樣豈不是得小而失大？

小荷最近很苦惱，因為他發現父母都沒有時間理他。這要從一件小事上說起。小荷邀請父母去參加他的畢業典禮，父親是這樣回答他的：「我有我自己的事情要忙，我不工作，你靠什麼繼續升學、讀書呢？」母親說：「我想趁加班費標準還沒有調降前，多加幾個班，這幾天加班比以後的加班都合算。」

父母眼裡只有錢。當然，父母並非要錢不要孩子，但是孩子就這樣解讀，甚至覺得自己和錢相比微不足道。小荷越來越覺得自己快崩潰了，他離家出走，開始過起流浪的生活。

小荷的離家出走很大部分原因是父母造成的，雖然說小荷鑽牛角尖，但如果沒有父母的冷漠，小荷就可以避免錯誤的認知和行為。

我們應該讓孩子知道工作不僅僅是為了金錢，也應該以身作則，讓孩子看你的榜樣。孩子到時候就會明白家長的工作是為了家庭，為了孩子，為了事業……

【理財訓練】

1.告訴孩子哪些東西是金錢換不來的。孩子一定不知道有很多東西是錢換不來的，比如愛情、友情、真誠等等，甚至可以從孩子身邊的小事舉例，比如孩子的成績。好成績要靠自己努力得來，再多的錢也買不來，當然也無法賣。

2.讓孩子知道你工作不是為了金錢，你還有更高層次的追求，比如自己的成就感，比如在某個領域的工作、開發、研究，造福社會。警察是為了社會的穩定，軍人是為了國家安全，法官是為了社會公正等等。

3.告訴孩子，為金錢而工作的人，最終會因為金錢而失去其他更值得追求的東西。告訴孩子世界上有比金錢更值得珍惜的東西，比如親情，那是多少錢都換不來的；還有自我的尊嚴，那也是用錢交換不來的。告訴孩子如果一味追求金錢的滿足感，最終會失去比金錢更值得珍惜的東西。

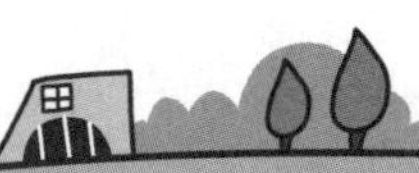

第二十二課　讓孩子明白工作是為了學習新事物

和孩子多講講關於工作態度的事情，這樣對孩子走向社會很有幫助，對孩子確立人生目標助益良多。

課本裡的知識是有限的，它只是很基礎的東西，永遠落在現實的後頭。一個剛就業的人為什麼薪資都偏低？因為他要學會實踐的過程。把知識運用轉化為能力，這需要重新加入新的動力和新的知識。比如在課本裡學到了圓周率，那麼按道理你可以做出一個桶的底，因為你有換算方法。結果呢？要知道書本裡的圓是純粹的圓，現實裡的圓是大概的圓，理論上的測量工具是理想化的工具，而你手頭的工具大多是有誤差的工具，哪怕是再精確的工具，你一不注意，就差得遠了，所以實踐和理論是有區別的。

在實踐中學到的東西才是真正有用的東西，當然，實踐離不開理論的支援。工作是一個實踐過程，當然也就是新的學習過程。這點你告訴孩子了嗎？

小明很想學做菜，於是在書店買了一本食譜，爭取到一個下廚的機會。按食譜說的一一照辦，很快做出一道道菜。

家人開始吃飯，小明首先自己先嘗，結果大失所望。菜不是太鹹就是太淡，小明很不能理解，翻出食譜來對照，他說：食譜上說少許鹽，我就放少許鹽，為什麼鹹淡差那麼多呢？這就是從實際操作中才能學到的「分寸」，少許，怎麼樣才算少許呢？只有靠實踐去學習了。

所以說工作也是一個新的學習過程，是為了學到新的東西。

和孩子說，工作也罷，勞動也罷，都是在學習；書本也好，實踐也好，都是為了學習。那麼孩子就可以理解工作的意義。

工作中可以學到很多東西，都是課本裡學不到的知識，比如人際關係的培養、和客戶的談判等等。

工作是為了學習，只有透過學習才能對自己的未來有所幫助。書本上的知識是片面的，需要實踐運用才能成為真正的知識。

小靜是大學畢業生，她和高中畢業的小強同時來到一家公司上班。幾年下來，小強已經成為公司的中堅，但是小靜還在一線當工人。許多小靜的同事不能理解，覺得

堂堂大學生怎麼可能比一個高中生落後。在一次公司慶祝會上，小靜悄悄的向小強請教。小強當時只是笑著說：「我從不把工作當成工作，我把工作當成是學習。」小靜恍然大悟。自己滿足於現狀，覺得大學裡學的東西足夠應付現在的工作，沒有新的知識補充。相反的，小強不斷的向上進步，兩個人的差距拉大，一個成了中堅，一個原地未動。

和孩子多講講關於工作態度的事情，對孩子走向社會很有幫助，對孩子人生目標的確立有助益。

【理財訓練】

1. 告訴孩子你工作的目的是什麼，是為了學習還是僅僅為了錢。和孩子講工作崗位不是一朝上去就沒有下來的一天，因為生產力時刻在進步，如果不在工作中努力學習，下一個失業的就是自己。

2. 和孩子講在工作中可以學到的東西。告訴孩子在工作中不但可以學到事業，還可以學到怎麼樣和同事交流、和上司下屬溝通等等。可以用講故事的方法由淺入深去

解釋。告訴孩子這些能早日樹立孩子正確的工作態度。

3.和孩子說，學習是為了向更高的追求進軍。人都有追求，孩子也不例外，他們也有自己的追求，父母需要和孩子講學習和進步的關係。告訴你的孩子進步是靠學習而來，不是靠運氣和一閃的靈感。沒有學習就等於沒有加工機器，不能生產需要的東西。

第二十三課　給孩子「關注自己事業」的概念

雖然孩子的理想只是一種對自己未來的想像，但是他們有這樣或那樣的想法很難得，雖然不是很成熟，但已經是他們能想到的最高目標了。

每一個孩子都有理想，比如羨慕工程師，他就會覺得自己長大後要朝工程師這條路上走；有的覺得教師崇高，就覺得自己未來應該去當教師。

雖然孩子的理想只是一種對自己未來的想像，但是他們有這樣或那樣的想法很難得，雖然不是很成熟，但已經是他們能想到的最高目標了。

假如你的孩子覺得飛行員不錯，你不應該告訴他飛行員的身高和體能限制，你應該告訴他要鍛煉自己的體魄；假如你的孩子覺得當畫家是很幸福的事，你千萬別和他說，能出名的畫家沒幾個，你應該告訴他畫家需要很多方面知識的累積，不單單是作畫，更要學會做人；假如你的孩子敬佩醫生，那麼你不要嚇唬他病人有可能會把疾病傳染給他，你應該讓他如良醫一樣修正自己的品德，做個救死扶傷的人。

所有這些，是要告訴孩子，應該關注自己的事業，有計畫的追求。只有關注自己的事業，才能把自己的事業做好，而不是被動的學習。

事業是什麼呢？

和孩子說，事業就是一種滿足感和成就感，這和賺的錢多少無關。包公一生沒有多少財產，但是他的事業大到了巔峰，為後世景仰。事業和權力大小無關，一個清廉小官的事業遠比昏庸大官來得自豪。

事業是自己的追求，不能停下追求的腳步。人都有追求，孩子也不例外，他們也有自己的追求。有時會覺得他們的追求很幼稚，但千萬別去傷害他的單純，孩子長大後會感激你一直尊重他的理想和意願。

哈佛大學教授史康瑞在一次朋友聚會上被問到這樣一個問題：「你小時候的理想是什麼？是不是和你現在的事業有所不同？」史康瑞笑著說：「我小時候想當農夫，種果樹，可以優先享用新鮮的水果。可我現在成了個教書的，我不覺得教書比農夫好到哪裡去，我有一天還是希望自己去當農夫。」問者很難理解，他說，難道你小時候說想當農夫，爸媽沒有加以糾正嗎？史康瑞感到很不解，他說，為什麼要糾正我的願望呢？他們還一直鼓勵我要堅持自己的追求呢！

父母沒必要去評價孩子合理的理想，應該鼓勵他去追求自己的理想，鼓勵他們學會堅持。不要以為這樣只是造就了一個農夫，你造就的是一個有追求、會堅持的人。

告訴孩子在工作中應該關注自己的事業而不是自己的收入，讓孩子知道事業才是一輩子值得去追求的，工作只是一個機會。

你還可以告訴孩子，你在工作中是怎麼樣時刻關注著自己的事業、怎麼樣學習和吸收經驗的。這樣，你的孩子就有了榜樣，有了模仿的對象，在工作中有了目標，在學習中有了動力。

關注自己的事業，不斷的去學習和進步，為事業而不是為工作或者為了錢。

【理財訓練】

1. 告訴孩子為什麼要關注自己的事業。只有事業才是一輩子值得追求的東西，告訴孩子工作只是你學習和進步並且維持生活的機會。沒有事業觀，忙碌一生終究是空。

2. 和孩子講講大家是怎麼樣關注自己事業的，讓孩子知道有哪些人是透過關注自

己的事業而成就自己的。你可以和孩子講講你身邊成功人士的經驗，也可以講你自己是怎麼樣去經營事業的，這是書本式的教條做不到的效果。

第四部分

理財常識：充實經濟金融知識

很多家長會覺得金融知識生澀難懂，孩子還小沒必要讓他們知道，殊不知在這樣一個以經濟為主導的時代裡，金融知識是必不可少的生活常識。

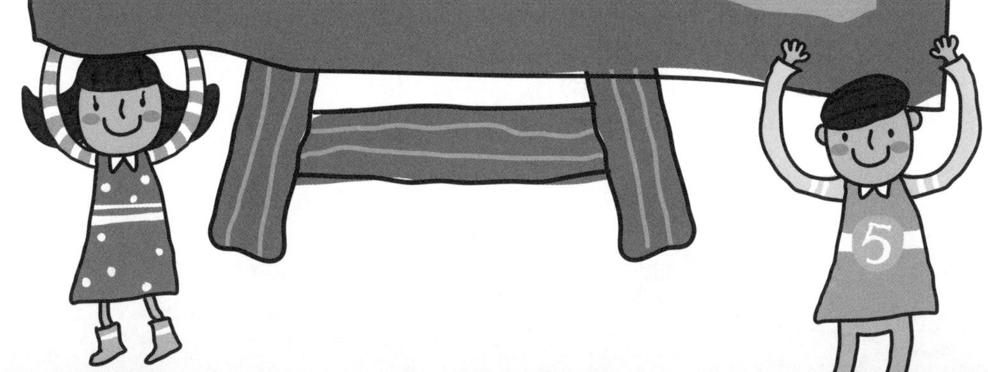

第二十四課　孩子從小應該知道的經濟學常識

孩子早一點接觸經濟學常識，對今後的學習和將來走進社會自己獨立生活很有幫助。

經濟學知識是每個具有高中以上文化水準的人都應具備的，所以現在高中和大學裡都要教社會經濟學。

錢能不能度量價值？什麼條件下它能？什麼條件下不能？

我們知道，凡是不能交換的東西，都不能用錢度量其價值。健康是有價值的，然而不能交換。

一個人生了病，不論他願意出多少錢給別人，也不論別人有多願意用自己的健康去交換錢，事實上也無法做到。除了健康，還有友誼、愛情、創造欲望和好奇欲望的滿足等等，也都不能用錢交換。

那麼，凡是能交換的東西是否都能用錢來度量其價值呢？工廠產品的價格高於它

原料的價格，其差價是否精確地表明了工廠創造的價值？由於市場價格的波動，即使工廠內部的生產狀況完全照舊，它創造的財富是否也相應地變動？一個人做生意賺了錢，是否證明他創造了價值？

雖然有些問題孩子不一定能懂，但是講經濟常識的同時留一些疑問，讓他去思考，這樣能加深他對經濟學的認識，不會刻板的學習。

就比如講到價格和利潤，價格等於成本加利潤。一般而言，產品的成本是企業已知的，所以上述問題也可以表述是什麼決定了利潤。

利潤的變化很大，有時可能是負的，這就是企業虧損；有時可能超過了成本，使利潤率達到百分之百。

企業沒有不希望多賺錢的，那麼是什麼限制了利潤呢？合理利潤又是多少？如果你是一名物價稽查員，你將如何去執行任務？利潤率達到什麼水準可以稱之為暴利？如果你認為利潤率達到五〇%以上就算暴利，你如何去說服堅持一〇〇%作標準的人？

社會經濟學是一門很深的學問，非專業的人只需瞭解概念就夠了，要學習的是它的常識，比如社會關係、勞動、報酬、法律規範等等。

孩子早一點接觸經濟學常識，對今後的學習和將來走進社會自己獨立生活很有幫助。

經濟學常識，有些是書本裡有教的，有些是要靠自己實踐理解的，畢竟學的東西是死的，需要靈活的運用才行。

哪一些是孩子從小就應該知道的經濟學常識呢？

首先是有關生產方面的知識，生產的要素，其中包含勞動和非生產勞動的區別、資本的概念、合作勞動的含義等等。孩子需要知道的還有關於分配的知識，包括什麼叫所有制、利潤、工資的分配等。

當然，交換也是要講的，因為價值理論體現在這裡。可以告訴孩子貨幣的價值取決於生產費用，貨幣是一個國家的信用體現，直接影響物品的價格。

許多經濟學知識孩子將來肯定會在書本上看到，但是從小教育可以培養他們對經濟學的關注和興趣，對孩子今後的發展有很好的引導作用。

【理財訓練】

1. 讓孩子知道一些經濟學的基本知識。
2. 陪孩子一起觀察生活中的經濟學，加深他們對經濟學的理解。

第二十五課　告訴孩子金錢不是資產

金錢不是財富，同樣也不是資本。貨幣本身並不能執行資本的任何功能，因為它不能向生產提供任何幫助。為了向生產提供幫助，必須把貨幣換成別的東西；而任何能與其他東西交換者，都能在相同程度上對生產做出貢獻。

培養孩子理財的能力時，會遇見很多問題，特別是許多名詞很相像，比如金錢和資產，應該和他們重點解釋，不然很容易混淆。

勞動產物的累積稱為資本。徹底弄清資本在生產中的作用是極其重要的，因為有關資本的很多錯誤觀念都來源於對這一點不全面的、混亂的理解。

在完全不熟悉這一問題的孩子看來，資本就是貨幣（金錢）。

金錢不是財富，同樣也不是資本。貨幣本身並不能執行資本的任何功能，因為它不能向生產提供任何幫助。為了向生產提供幫助，必須把貨幣換成別的東西；而任何能與其他東西交換者，都能在相同程度上對生產做出貢獻。

資本為生產所做的事情，是提供工作所需要的場所、保護、工具和原料，以及在生產過程中供養勞動者。無論什麼東西，只要用來滿足生產性勞動所必須的各種先決條件，就是資本。

例如，某一個工廠的資本，一部分以建築物的形式存在，給生產活動提供場所；另一部分以機器的形式存在，用來生產和加工；第三部分取決於製造的產品，如果是鋁製品，便以鋁材的形式存在，如果是織布業者，便以麻紗、毛線、絲或棉紗的形式存在。

工人所需的食品衣著，不由工廠直接提供；除了食品或衣著的生產者外，很少有資本家使其資本中任何值得一提的部分以食品或衣著的形式出現。每家工廠業主持有的不是食品或衣著，而是貨幣。他把錢付給工人作為報酬，讓工人自己去購買食品衣著。

此外，倉庫中還有製成的貨物，把這些貨物賣掉後，他可獲得更多的錢，用這些錢支付工人的報酬，以及用來補充原料、修理房屋和機器、更換報廢的房屋和機器。不過，他擁有的貨幣和製成品並不全都是資本，因為他不是把它們全部用在這些方面。他用一部分貨幣和出售製成品所得的貨款來滿足他個人和家庭的消費，買車、買

房，教育子女、繳納稅款或捐給慈善機構。那麼，他的資本是什麼呢？精確地說，乃是他用於進行再生產的那部分所有物，不論這些所有物以什麼形式存在。其中一部分甚或全部，是否能直接用來滿足工人的需要，這無關緊要。

和孩子講資本和金錢的區別時，最好多舉些例子，身邊的例子更好。假定資本家是一個五金製造商，假定他的資本，除機器外，目前全都是金屬製品。金屬製品是不能用來養活勞動者的。然而，只要改變一下金屬製品的用途，就能供養勞動者。假設他原來打算用一部分收入買一棟房子，或買一輛別克，而現在改變了主意，把這部分收入用於從事生產活動，向增加的工人支付工資。這些工人由此而能購買和消費原來會被房子、車子消費掉的食物。

由此可見，雇主無需看一眼或碰一下食物，便能使較多的食物用來供養生產勞動者，而使較少的食物用在非生產性消費上。

現在改變這個假設，設想雇主不是以買房子、買車子的錢來發工資，而用購買食具和珠寶的款項改發工資。為了使結果更加明顯，我們假定這一改變的規模相當大，購買食具和珠寶的一大筆錢轉移來雇用生產性勞動者，而且這些勞動者以前處於半失業狀態。這些勞動者得到增發給他們的工資後，不會用來購買食具和珠寶，而是用來

購買食物。不過該國沒有多餘的食物，也不像前面的例子那樣，可以把一些非生產性勞動者或動物的食物轉用於生產目的。

因此如果可能，將進口食物用於補充市場需求；如果不可能，勞動者暫時仍將處於半饑半飽的狀態。

工廠業主的花費從非生產性支出轉變為生產性支出，會使商品需求發生變化，其結果乃是下一年生產的食物將增多，而食具和珠寶將減少。這再次表明，無需直接對勞動者的食物做任何事情，只要有人將其一部分財產（不論是哪類財產）從非生產性用途轉變為生產性用途，就會使生產性勞動者消費的食物增加。

和孩子說「資本」與「非資本」之間的區別並不在於商品的種類，而是取決於資本家的意向，看他將其用於何種目的。

任何一種財產，不論多麼不適合於勞動者使用，只要這種財產或得自這種財產的價值用於生產性再投資，它就是資本的一部分。由各個所有者指定用於生產性再投資的全部價值總和，構成了國家的資本。

這些價值是否都具有可直接用於生產的形式，這無關緊要。不論它們以什麼形式出現，都是暫時的和偶然的；一旦被指定用於生產，它們就會以某種方式轉變成能夠

應用於生產的東西。

【理財訓練】

1. 告訴孩子金錢（貨幣）的概念。
2. 告訴孩子資產的概念。
3. 告訴孩子金錢不是資產。

第二十六課 讓孩子瞭解儲蓄及利率

有必要和你的孩子講講關於儲蓄和利率的事情。還要告訴他怎麼樣選擇銀行，或者說應該怎麼樣去計畫自己的儲蓄。

通常情況下，把暫時用不到的錢存放在銀行是大多數人的選擇，因為這樣保險，而且還有一定的利息可以拿。

既然這是一種普遍行為，那麼就有必要和你的孩子講講關於儲蓄和利率的事情。社會上的人把錢存入銀行，銀行可以提供一定的利息給存款人。身為孩子也許不能理解銀行為什麼這樣做，家長就要和他們講講銀行這樣做的理由。

銀行一方面利用發放利息等手段吸引社會大眾把錢存進銀行，銀行籌集到大量的存款，就把錢借貸給需要錢的人和企業，同時向貸款者收取利息。這就是銀行為什麼能越來越壯大的原因了。

這是一個看似簡單的轉手買賣，其實過程複雜，因為銀行要考慮到收取利息和發

放利息之間的有效關係。即使收取的利息大於發放的利息，銀行還是有風險存在的。為了降低風險，銀行希望儲戶能把錢存放於固定時間內。

也許這樣說，孩子不容易懂，那就給他舉個例子吧。比如銀行一共有一百個人存錢進銀行，每人存一百元，那麼銀行可以用來借貸的資金是一萬元，正好有個商人來貸款，他需要五千元，銀行於是就把錢貸給了他。事情偏偏這麼湊巧，一百個儲戶中有六十個要把所存的錢取走，那麼銀行怎麼辦呢？它總共剩下五千元，不夠支付六十個儲戶。在這樣的情況下銀行就面臨危機。

也就是因為怕這樣的事情發生，所以銀行運用存期不等利息不等的方法來吸引儲戶長期、定期儲蓄，才能有效的把風險降到最低。

當然情況遠不止這麼簡單，如果一百個人把錢存進銀行，結果沒有人去借貸，那麼銀行必須自己承擔儲戶的利息支付，銀行也將面臨倒閉。

所以銀行一方面控制固定存款，另一方面又害怕存款借貸不出去，所以在雙刃劍的處境下，銀行還要考慮另一個使自己不至於倒閉的途徑。

銀行投資行為就此誕生。

由此可以看出，銀行其實是向儲戶借錢來謀取自己的利益，那麼他們預算的利率

也是有計畫的調整，比如貸款太少，就開始把利息調低來減少自己的風險，如果貸款很多，銀行又希望刺激儲戶把錢存久一些，利息就會調高。當然，利率不會輕易的調整，如果時常改動，不只是銀行失去信用，對自身的發展也有很大的破壞性。

和孩子講講這些，孩子能很快的接受知識，對金融管理便有了很初步的認識。父母還要告訴孩子怎麼樣選擇銀行，或者說應該怎麼樣去計畫自己的儲蓄。

因為存錢的時間不等，得到的利息也不等，所以存錢的時候必定要考慮清楚。

【理財訓練】

1. 讓孩子知道銀行是怎麼操作的。
2. 告訴孩子不同的存錢時間可以得到不同的利息。
3. 和孩子講講各個銀行的利率情況。

第二十七課　教孩子簡單的投資策略及方案

告訴你的孩子怎樣的資金分配方案是合理的。比如銀行調整利息，把錢繼續存在銀行已經不太划算，因此要開始考慮把錢有計畫的投資其他標的。

理財，投資是重要的步驟。所謂的投資也不是成人的專利，孩子一樣可以成為投資者，只要他們具備了這個能力。

學理財應從簡單的投資入手。

什麼叫做簡單的投資呢？它應該是資金少、操作過程簡單、風險小的投資。

孩子如果想嘗試投資，父母應該高興才對，不該阻止，更不應表現出不信任態度。孩子的第一次嘗試，家長應該鼓勵，並且做好輔導的準備。

先教會你的孩子怎麼樣規劃投資行為。告訴孩子怎麼樣的資金分配方案是合理的。比如銀行調低利息，把錢繼續存在銀行已經不太划算，就開始考慮把錢有計畫的投資其他東西。

比如，你的孩子沒有什麼特別的喜好，那麼可以考慮讓他瞭解國債的投資，因為那樣的投資雖然利潤少，但是很穩當；比如你的孩子對郵票比較有興趣，便應該從簡單的收藏開始，不求極品，但求簡單的差額。這些都不是盲目的下注，還是需要有個計畫，在實施前要有方案。

投資也講究策略，比如首先要告訴孩子先對郵票市場做一個簡單的瞭解，接著要對郵票的基礎知識有個通盤概念，這是你投資前需要做的。接著要考慮到投資的風險，郵票在什麼樣的情況下會虧損，在什麼情況下收藏價大於市場價。雖然孩子的投資不是複雜的投資，但也應該謹慎和嚴肅。有了前期的準備，接著就開始投資了。投資講究策略，比如先投資什麼樣的郵票，先投資多少，預計什麼時候可以把收藏的郵票出手拿到投資利潤……詳細的計畫同樣適用於其他簡單的投資。

制定方案的目的是為了能使投資更順利進行，使投資的風險在控制之內。

孩子有了投資方案，在簡單投資中，家長完全可以放手讓他去操作。要知道在運作過程中孩子能學到更多，家長審定方案後，估計風險並給建議。在實際操作中，孩子會慢慢學習到你平時忽略的許多問題，這樣的理財學習再實際不過了。

當然，非專業的領域還是要規勸孩子謹慎投資，在風險較小的專案上先嘗試投資

運作，這樣有助於加強孩子的信心。

【理財訓練】

1.告訴你的孩子投資步驟是什麼？先要瞭解什麼、學習什麼，然後再對專案做什麼樣的風險評估。

2.告訴你的孩子怎麼樣避免風險。有效的手段就是先嘗試小額投資，並且做周詳的計畫。

3.讓你的孩子知道，投資並非大人的專利，如果他有想法也可以進行家庭討論，然後實施。

4.讓你的孩子明白投資的全程是在控制風險。

第二十八課 讓孩子知道股票

如果可能，就讓孩子參與股票的走勢觀察，並鼓勵他做出投資的決定。當然，投資股票暫時還不是很適合孩子，只要在家長的輔助下，讓他體驗其過程就行。

什麼叫股票？股票是股份證書的簡稱，是股份公司為籌集資金而發行給股東作為持股憑證，並藉以取得股息和紅利的一種有價證券。每股股票都代表股東對企業擁有一個基本單位的所有權。

股票是股份公司資本的構成部分，可以轉讓、買賣或作價抵押，是資金市場主要的長期信用工具。

股票有三大特點。

股票是一種出資證明，當一個自然人或法人向股份有限公司參股投資時，便可獲得股票作為出資的憑證；股票的持有者憑藉股票來證明自己的股東身份，參加股份公

司的股東大會，對股份公司的經營發表意見；股票持有者憑藉股票參加股份發行企業的利潤分配，也就是通常所說的分紅，以此獲得一定的經濟利益。

股票是有價證券。

它具有穩定性，股票投資是一種沒有期限的長期投資。股票一經買入，只要股票發行公司存在，任何股票持有者都不能退股，即不能向股票發行公司要求抽回本金。同樣，股票持有者的股東身份和股東權益就不能改變，但他可以透過股票交易市場將股票賣出，使股份轉讓給其他投資者，以收回自己原來的投資。

股票具有風險性。

任何一種投資都是有風險的，股票投資也不例外。股票投資者能否獲得預期的回報，首先取決於企業的盈利情況，利大多分，利小少分，公司破產時則可能血本無歸。

股票作為交易對象，就如同商品一樣，有著自己的價格。而股票的價格除了受制於企業的經營狀況之外，還受經濟的、政治的、社會的，甚至人為的諸多因素影響，處於不斷變化中，大起大落的現象也時有發生。股票市場上，股票價格的波動雖然不會影響上市公司的經營業績，從而影響股息與紅利，但股票的貶值還是會使投資者蒙

受部分損失。因此，欲入市投資者，一定要謹慎從事。

股票還具有責權性。

股票持有者具有參與股份公司盈利分配和承擔有限責任的權利和義務。根據公司法的規定，股票的持有者就是股份有限公司的股東，他有權或透過其代理人出席股東大會、選舉董事會，並參與公司的經營決策。

股東權力的大小，取決於佔有股票的多少。持有股票的股東一般有參加公司股東大會的權利，具有投票權，在某種意義上亦可看作是參與經營權。

股東又有參與公司盈利分配的權力，可稱之為利益分配權。股東可憑其持有的股份向股份公司領取股息、索償權和責任權。

在公司解散或破產時，股東需向公司承擔有限責任，股東要按其所持有的股份比例對債權人承擔清償債務的有限責任。在債權人的債務清償後，優先股和普通股的股東對剩餘資產亦可按其所持有股份的比例向公司請求清償（即索償），但優先股股東要優先於普通股，普通股只有在優先股索償後仍有剩餘資產時，才具有追索清償的權利。

股票是流通的，股票可以在股票市場上隨時轉讓，進行買賣，也可以繼承、贈

與、抵押，但不能退股。

所以，股票亦是一種具有頗強流通性的流動資產。無記名股票的轉讓只要把股票交付給受讓人，即可達到轉讓的法律效果；記名股票轉讓則要在賣出人簽章背書後才可轉讓。正是由於股票具有頗強的流通性，才使股票成為一種重要的融資工具而不斷發展。

股票憑證是股票的具體表現形式。股票不但要取得國家有關部門的批准才能發行上市，而且其票面必須具備一些基本的內容。股票憑證在製作程式、記載內容和記載方式上都必須規範化，並符合有關的法律和公司章程的規定。一般情況下，上市公司的股票憑證票面上應具備以下內容：

1. 發行該股票的股份有限公司全稱，及其註冊登記的日期與地址。
2. 發行的股票總額、股數及每股金額。
3. 股票的票面金額及其所代表的股份數。
4. 股票發行公司的董事長或董事簽章、主管機關核定的發行登記機構簽章，有的還注明是普通股還是優先股等字樣。
5. 股票發行的日期及股票的流水編號。如果是記名股票，則要寫明股東的姓名。

6.印有供轉讓股票時所用的表格。

7.股票發行公司認為應當載明的注意事項。如注明股票過戶時必須辦理的手續、股票的登記處及地址，優先股的說明優先權內容等。

投資股票越來越成為普遍的理財投資行為，讓孩子瞭解股票知識，如果可能，就讓孩子參與股票的走勢觀察，並鼓勵他做出投資決定。當然，投資股票暫時還不是很適合孩子，只要讓他體驗其過程就行。

【理財訓練】

1.告訴孩子股票是什麼。
2.告訴孩子股票的作用是什麼。
3.讓孩子知道股票具有哪些特點。
4.告訴孩子股票存在的風險。

第二十九課　讓孩子學習供給與需求的科學

告訴孩子，假設其他因素不變，當一件物品的相對價格下跌時，其需求量會上升，反之亦然。

市場其實就是供給和需求而成立的。供給和需求之間相互影響著。

需求與供應都是微觀經濟學的基本概念：需求指大眾因需要一件產品而產生的要求；而供應就指販商回應大眾需求而提供的產品供給。它顯示了隨著價錢升降而其他因素不變的情況下，某個體在每段時期內所願意買的某貨物數量。在某一價格下，消費者願意購買的某一貨物總數量稱為需求量。在不同價格下，需求量會不同。需求也就是價格與需求量的關係。

供給，指特定市場上在一定時期內，生產者願意且能供應的商品數量。那麼，影響商品供給的因素是什麼呢？影響商品或服務供給的因素很多，既有經濟因素，也可能有非經濟因素，一般來說有商品的價格、其他商品的價格、生產技術和生產要素的

價格、政府的政策、企業對未來的預期等等。

讓孩子學習供給與需求的關係，早點從理論上熟悉市場，對孩子的成長有幫助。在影響某種商品供給的其他因素（如，生產該種商品生產要素的價格）既定不變的條件下，商品的價格如果越高，生產者願意供給的產量當然會越高。

其他商品的價格是指同類商品或者替代品的出現，也會影響商品供給。生產技術和生產要素的價格，是指技術進步或由於任何原因引起的生產要素價格下降，將由於單位產品的成本下降而使得與任一價格對應的供給量增加。

政府的政策是對一種產品的課稅將會使賣價提高，在一定條件下透過需求的減少而使供給減少。反之，減低商品租稅負擔或政府給予補貼，會透過降低賣價刺激需求，從而引起供給增加。

企業對未來的預期是指如果廠商對未來的經濟持樂觀態度，則會增加供給；如果對未來的經濟持悲觀態度，則會減少供給。

告訴孩子一般情況下，供給定理是某種商品價格越高，企業願意出售這種商品的數量就越多。

那什麼叫需求呢？

需求顯示了隨著價錢升降而其他因素不變的情況下，某個體在每段時間內所願意買的某貨物數量。在某一價格下，消費者願意購買的某一貨物總數量稱為需求量。在不同價格下，需求量會不同。

告訴孩子，假設其他因素不變，當一件物品的相對價格下跌時，其需求量會上升，反之亦然。

供給和需求的關係是靠價格彈性來表現。供給的價格彈性有時候也被簡稱為供給彈性。

供給彈性的大小，主要取決於增加產量所需追加生產要素費用的大小。一般地說，若增加產量的投資費用較小，則供給彈性大；反之供給彈性小。

一般在短時期內，廠商只能在固定的廠房設備下增加產量，因而供給量的變動有限，這時供給彈性就小。在長期內，廠商能夠透過調整規模來擴大產量，這時供給彈性將大於同種商品在短期內的供給彈性。

太僵化的知識，孩子不容易理解，那麼就給孩子一些近期發生的具體事情做為例子吧！市場裡的供給和需求是時常在變動的，在變動中找到某種平衡，讓孩子知道這種平衡的意義。

【理財訓練】

1. 告訴孩子供給是什麼意思。
2. 告訴孩子需求是什麼意思。
3. 和孩子講供給和需求的關係。

第三十課　瞭解各種關於財產的法律

讓孩子知道關於財產的法律是為了讓他們依法辦事，受到侵害時能拿起法律的武器。

財產是人類生存與發展的基本要件，也是一個社會的經濟基礎，財產法律制度直接關係到社會的政治、經濟制度。因此，瞭解財產權益的內容，弄清財產權取得的方法，對於正確維護自己的合法權益，是十分必要的。

財產範圍很廣，幾乎包括全部社會資產。從動產到不動產，從有形物到無形物，從人的行為到智力，都可以成為財產的一部分。我們所擁有的財產，不僅是創造社會財富的原動力，也是我們賴以生存與發展的物質基礎。

財產法律制度是關於財產權利的法律制度，財產法律關係不僅涉及靜態的物權關係，也涉及動態的債權關係。權利的取得與權利的變更、消滅、保護是財產法制度的

主要內容。而財產權利的主體、權利能力、行為能力直接關係到財產權的合法性，因此，主體制度、許可制度、業務制度、票據制度、合約制度、繼承制度等是保證財產權穩定與有效的基本法律制度。

告訴孩子關於財產法律的知識，以便維護自己合法的財產權益。

長期以來，我們一直認為，私人財產是剝削社會的產物，保護私人財產就是保護私有制，其結果是陷其入一種非良性的社會環境中。

應該告訴孩子資本是一種中性的、可以帶來價值增值的生產要素，它本身並無政治上的含義，也不存在剝削問題。私人財產權和私有制是兩個完全不同的概念。前者是一項法律或憲法權利；後者是一種社會經濟制度，二者有本質的區別。「私有化」是一個存量概念，是把原來屬於公有的財產按照某種規則界定為私人所有的財富，而私人財產的保護是使私人財產合法化，它是一個流量問題，是對人們透過市場努力，或是參加直接創造財富的各種勞動，還是參加經營管理，或透過風險投資實現的淨利潤等形式獲得財富的一種法律認可。

讓孩子知道關於財產的法律是為了讓他們依法辦事，受到侵害時能拿起法律的武器。

【理財訓練】

1. 告訴孩子財產的範疇是什麼？

2. 告訴孩子保護自己的財產有哪些法律法規可以依據。

第五部分

理財實戰：合理的支配零用錢

零用錢可以說是孩子接觸理財的第一步，如何讓孩子合理支配自己的零用錢，是孩子正確認識理財的開始。

如果你想讓自己的孩子長大後成為一個對經濟有責任心的人，就得讓他們從小學習如何管理和支配自己的金錢，並瞭解定期把錢存入銀行的重要性，養成自己賺錢買貴重物品的習慣，可以使孩子更全面地瞭解金錢的內涵，並學會如何對它進行管理。

給孩子零用錢就等於為孩子學習管理金錢提供了前提，讓孩子為以後能過有價值的、成功的生活做好準備。

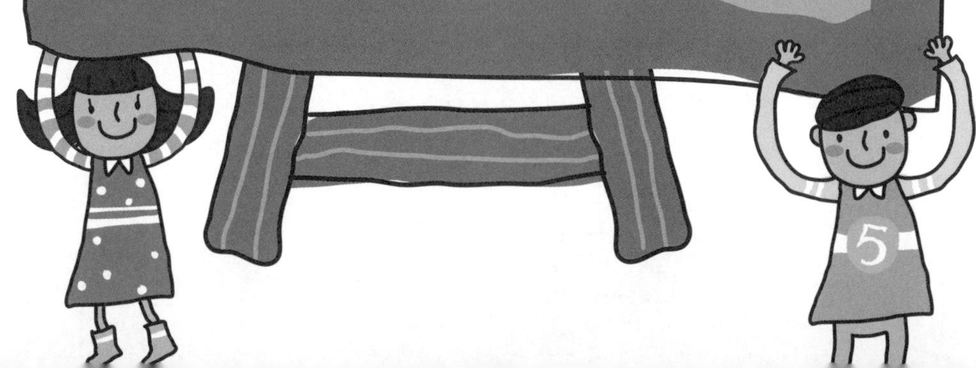

第三十一課　告訴孩子為什麼零用錢經常不夠用

在零用錢的問題上，父母必須把好關。小孩子都很純真，只要你能把道理和他們講清楚，很多孩子還是樂意聽從父母的。

孩子的零用錢不夠用，這是很多家長都會遇到的情況，其實，家長對於孩子零用錢為什麼不夠用，心中大致都有所瞭解，你也應該讓你的孩子知道這一點，只有讓孩子明白了這一點，他們才能合理的支配自己的零用錢。

阿才是國小三年級的學生，他的父母每周給他兩百元作為零用，可是每周到了周五的時候，阿才都會向父母再次索要一百元的零用錢，於是阿才每周零用錢就變成了三百元。阿才的父母也會問阿才，為什麼零用錢經常不夠用？阿才總會以班級收取班費啦、學雜費啊、複印費啊等做為理由，但是班級不可能每周都收取費用吧，父母開始觀察阿才。

究竟阿才的零用錢花到哪裡去了呢？很多男孩子都喜歡電動玩具，阿才也不例

外，阿才的父母逐漸發現他的電動玩具不斷增多，阿才的媽媽甚至懷疑他為了攢買玩具的錢，每天早上連早飯都不吃。

有一天阿才放學回家，父母看到他的書包鼓鼓的，叫住了他。

母親看著阿才說，阿才，來媽媽這裡。

阿才有些猶豫，他本想放下書包過去的，不過這時候，爸爸已經來到他的身邊。

阿才嘟噥著問，什麼事啊？我還要做功課呢！

母親微笑著說，沒什麼事，媽媽就是好久沒看阿才的功課了，把作業本給媽媽看看，讓媽媽看我的阿才進步了沒有？阿才這麼聰明的孩子向來都不用媽媽操心的。

阿才緩慢地從肩膀上把書包拿下來，伸手把作業本拿出來，遞給媽媽，這時候，他臉上已經流露出愧疚了。

阿才的母親看著阿才說，其實媽媽不用看你的功課，媽媽知道。

阿才低下頭，喃喃地說，媽，我錯了，我不該沈溺於電動玩具。

媽媽這時候蹲下身看著阿才說，阿才乖，現在是否知道為什麼你的零用錢總是不夠用了吧？

阿才噘著嘴說，其實我一直都知道，只是……

爸爸摸著阿才的頭說，其實，喜歡電動玩具並沒有錯，只是不該為了這個而荒廢學業，爸爸媽媽給你的零用錢是要你每天早上吃早餐的，是想要你合理的運用它，現在知道自己的零用錢為什麼經常不夠用就好。

阿才把書包裡的電動玩具拿了出來，遞給媽媽，媽媽說，阿財乖，這個玩具媽媽不要，不過呢，媽媽想用它來提醒你，你說，好不好？

阿才用力地點了點頭。

其實很多孩子都清楚自己的零用錢花在哪些地方，以及為什麼會經常不夠用，只是在向父母索要零用錢的過程中，父母的不斷給予使他們覺得反正父母不知情。父母應該對於這樣的現象多加留意，並選擇適當的時機心平氣和向孩子把道理講明，這樣孩子不但能夠理解，還會印象深刻。

像阿才父母的做法就很好，很多家長通常是把孩子痛斥一頓，沒收孩子的玩具，這樣很容易激起孩子的反抗心理，反而不利事情的解決。孩子畢竟是孩子，總會有貪玩的時候，也就難免犯錯，家長要的是讓孩子明白道理，用愛來讓孩子感動，並認識到自己的錯誤。這樣，他們就會主動承認錯誤，糾正錯誤行為了。

還有一部分孩子根本就沒感覺到自己花用太多，因為父母總是不斷的滿足他們的金錢欲望，這樣一來，孩子會覺得自己花錢也是一件很正常的事，只要手中有錢愛買什麼就買什麼，大手大腳習慣了。

阿業就是這樣一個小孩，他每周的零用錢多則一千多元。父母對阿業的零用錢很少過問，只要他開口就給，他自然沒感覺自己的零用錢花太多，只知道自己沒有零用錢的時候就向父母要。

有一次，學校做了一項關於孩子零用錢的書面調查，要求父母清楚記錄一下自己孩子一個月花費多少零用錢。阿業的母親認真記錄一個月之後，數額令她自己都感到吃驚，竟然多達數千元，她立刻感覺不對勁，而且這樣對阿業也很不好。

阿業的父母探討這件事情，一致認為應該控制阿業的零用錢，不過轉念一想，這樣不是很好的方法，最應該做的是讓阿業明白為什麼自己的零用錢比別的孩子多出這麼多，為什麼他的零用錢總是不夠用。

當天晚上，開了一場家庭會議，一家三口坐在一起談論這件事情。

媽媽把問卷調查拿給阿業看，阿業自己也很驚訝，目瞪口呆地不知所措。

母親先打破僵局：「阿業，其實這件事情爸爸媽媽也有責任，我們對你的溺愛導致給你零用錢沒有節制。」

阿業搔著腦袋，從牙縫裡擠出一句話：「我也有不對的地方，我花錢太不用大腦了。」

父親這時候說話了：「阿業，現在我們都認識到自己做得不對的地方，我們一起努力糾正過來，你說好不好？」

阿業抬起頭，看看父親再看看母親，說，好。

後來經過商定，他們達成共識，把阿業的零用錢降低到一般孩子零用錢的標準，父母一次給阿業一周所需的零用錢，之外不再給了，阿業也同意。

剛開始的時候總是有些難度，不過阿業能夠強制自己不亂花錢，局面慢慢的好轉了。

在孩子零用錢的問題上，父母必須把好關。其實小孩子都很純真，只要你能把道理和他們講清楚，很多孩子還是樂意聽從父母的。所以說，讓你的孩子明白自己的零用錢為什麼經常不夠用很重要。

【理財訓練】

1.當孩子不斷向你索要零用錢的時候，家長就需要重視，多加觀察，看看為什麼會出現這樣的問題，找到了原因所在，也要讓你的孩子明白這一點。記住，不要動怒，大發雷霆是不利於解決事情的，不妨靜下心來，找個適合的時機向孩子說明這一點，最關鍵的是要讓孩子清楚自己的零用錢為什麼經常不夠用，這樣才能得到合理的解決。

2.不要對孩子的零用錢不聞不問，最不可取的做法就是只要孩子開口就給。要對孩子的零用錢有所瞭解，零用錢並不是要多少就有多少的。每月或者每周給孩子的零用錢要限定數額，這是最佳的處理方法。

第三十二課　教孩子怎樣合理的運用零用錢

在美國，零花錢的使用由孩子全權負責，家長一般不直接干預。一旦孩子因使用不當而犯錯誤時，家長也不輕易幫助他們收拾殘局。

怎樣讓孩子學會花錢，是每一個家庭都會遇到的共同問題。

受傳統「重義輕利」思想的影響，長期以來我們對青少年的理財教育可以說是一片空白。而在商品經濟發達的現代生活中，理財能力是生存能力的重要條件之一。對於成長中的孩子來說，學會理財，不僅僅是如何用錢的問題，其中包含了多方面的教育內容和多種能力的培養，也關係到如何培養未來經濟人才，適應未來經濟生活的需要。

在世界先進國家的兒童理財教育中，美國人累積了一整套成功經驗。他們對學齡前兒童的金錢教育提出了非常具體的要求，透過切合實際的金錢教育，美國孩子具備了很強的獨立性、經濟意識以及經濟事務上的管理和操作能力，這為他們培養優秀的

經濟管理人才提供了雄厚的人力資源基礎。

財富是一把雙刃劍，要給孩子一個安全的成長環境，幫助孩子建立平衡的金錢觀和價值觀，與孩子談論如何合理使用零用錢，讓他們理解富有不是理所當然的，給予然後才會得到，讓孩子參與家庭財務規劃，並學習如何在經濟條件變化的時代尋找真正的「金錢英雄」等，都是當今美國兒童理財教育的主題。

家長們讓孩子接觸金錢、瞭解金錢並學會合理使用錢，有利於從小培養孩子的經濟意識和理財能力，以適應未來經濟生活的需要，因此金錢教育就成了美國家庭教育的重要內容之一。美國家庭的金錢教育是從零花錢的使用開始的，教孩子使用零花錢是讓孩子學會如何預算、節約和自己做出消費決定的重要手段。

零花錢的多少並沒有一個定值，主要依據孩子一周的消費預算來確定。這些開支包括：孩子正當娛樂消費的開支，如看電影和吃零食；孩子日常必須的開銷，如車費、買學習用品，再增加一些額外的錢以便為存錢創造可能性。

零花錢的使用，孩子全權負責，家長一般不直接干預。一旦孩子因使用不當而犯錯誤時，家長也不輕易幫助他們收拾殘局。因為只有如此，孩子才能懂得過度消費所帶來的嚴重後果，從而學會對自己的消費行為負責。

現在的孩子大多數是短暫快感的追求者，因此家長可以透過減少送孩子昂貴物品的方法來激發孩子存錢的興趣。要向孩子解釋如果將來想擁有更大價值的東西，他們現在不得不放棄一些價值不大的東西。存錢的習慣會使孩子珍視自己勞動所得，而對於年長一些的孩子，讓他們自己支配零花錢則可以教會他們節儉。

青少年生活在一個非現實的經濟世界裡，因為他們住在家裡，沒有太多的生活開支要承擔。處在這種狀態中的青少年，長大後不得不開始自己付房租、水電費，買食物和衣服以及付交通費用，他們會震驚而束手無策。為了幫助孩子為未來生活做好準備，家長不妨讓年紀大一些的青少年為自己的電話費和交通費，以及一部分家庭開支付賬。

【理財訓練】

1. 教會孩子計畫使用自己的零花錢。
2. 孩子的錢由他們做主，遇到重大損失時，家長也不要輕易去承擔。
3. 孩子的電話費和交通費嘗試著由他們自己的零花錢開支。

第三十三課 讓孩子記錄每月零用錢收支

帳本的運用並不只適合孩子的現在，他們長大後依然需要這麼一本帳本。

家庭收支有本帳，孩子的零花錢也應該有本帳。

給孩子一本帳本用於記錄每月零花錢的使用過程，日後方便自我檢討，對零用錢的合理性做審查。這樣，孩子才能在帳本中看到自己的過失，要知道，孩子很多時候的消費是很不理智的，只有等事情過後一段時間才會發現自己的不對。

帳本的運用並不只適合孩子的現在，他們長大後依然需要這麼一本帳本。

孩子的帳本可以分為收入和支出兩個部分。「收入」是指得到了多少零花錢，在什麼時候，誰給的，原來的用途，是獎勵還是靠自己勞動或其他。「支出」是說什麼時候用了多少錢，花錢的目的是什麼？是買玩具還是用於其他開支。

建議孩子每個月做一次總檢討，哪些支出是不合理的，哪些支出是必須的。在檢討中學習理財的知識，在下一次進步。

家長可以找合適的機會幫助孩子規劃他的零花錢。小紅的父親每個星期五都會給小紅一百元零花錢，可是小紅到周一就沒有了。母親和她談心，分析小紅總是不合理的使用零花錢後，母親建議她向父親提出零花錢在周一給。事情有了轉機，一百元零花錢到下一個星期甚至有剩餘。這是為什麼呢？母親再找小紅談心，小紅檢討了一下，原來是自己的帳本上支出混亂。小紅知道原因後及時改正，今後不管是什麼時候給的零花錢，小紅都能應付自如。

這就是帳本的功能，讓自己知道什麼地方花了不該花的錢。這對沒有太多自制力的孩子來說更加有用。

【理財訓練】

1. 告訴孩子帳本的作用。
2. 告訴孩子應該怎麼樣記帳。
3. 告訴孩子利用帳本來改掉自己的壞毛病。

第三十四課 如何尋找其他人都忽視的機會

逆向思維很重要，大家都在為一個機會而窮盡心思機巧的時候，你應該告訴孩子，先把自己的心思抽回，想想這個機會周邊可能存在著的機會，那個機會誰也不會輕易注意到，正是一個可以把握而且沒有多少人來搶的機會。

投資需要敏銳的眼光，通常大家忽略的機會反而可以大有作為。美國西部淘金年代，一批批工人抱著發財夢到西部淘金，他們整天在礦山上挖金砂礦卻得到不多。這時一個年輕的淘金者想到了一個都被忽略的機會——賣水。

當時淘金的人很需要水，但是大家都把注意力用在金子上，沒人注意水這種小東西，反倒是賣水的這個人賺了個盆滿缽滿。

一個小故事教育了所有後來人，機會其實就是那麼簡單，只是你有沒有發現別人忽略了的東西。把這個發現機會的故事講給你的孩子聽，讓他們知道，機會往往被注意細節的人把握住。

訓練孩子敏銳的眼光，具體該從哪裡下手呢？

逆向思維很重要，大家都在為一個機會而窮盡心思機巧的時候，你應該告訴孩子，先把自己的心思抽回，想想這個機會周邊可能存在著的機會，那個機會誰也不會輕易注意到，正是一個可以把握而且沒有多少人來搶的機會。

訓練可以這樣開始。一隊人繞果園，在樹上摘一個自己認為最大的果子，誰的果子最大就算誰勝出，規則是可以揀無數次，但每次只能揀一個，可以走得很慢但不能回頭走。這時的機會存在於哪裡？是前面，還是眼前的？

和孩子一起思考這樣的話題，也許你的想法從中就可以影響到他的決策。

除了逆向思維，還可以訓練孩子從多度空間思考問題。也就是把問題立體化，不要限於平面的思考。打個比方說，路走到一半遇到了強勁對手，怎麼辦？先跳過，繼續走自己的路，把問題留在路上，相信這個問題也能耗費對手不少的時間，那麼局勢就逆轉了。

訓練孩子對事物進行更周密的觀察，注意一些別人看不上眼的機會，有時那樣的小機會能創造出很大的利潤空間。

【理財訓練】

1. 訓練孩子觀察事物的能力。
2. 培養孩子逆向思維。
3. 培養孩子多度空間思考問題。
4. 告訴你的孩子，好機會往往躲在沒有人注意的地方。

第三十五課　用錢賺錢的第一堂課

賺錢之道有三種方式，上策是用錢賺錢，中策是靠技術賺錢，下策是用勞力賺錢。

古巴比倫有一位名叫阿卡德的富人，他很會經商，富可敵國。國王命令他把致富的訣訣傳授給別人，阿卡德有五大黃金法則：

1.凡是堅持把收入的至少十分之一儲存起來，為他的將來和他的家人創造財富的人，金子就樂意源源不斷地流入他的腰包，並快速增加。

2.金子會為那些懂得如何使用它們的人忠實而勤懇地工作，就像地裡的牲口會為主人帶來更多的財富一樣。

3.只有那些謹慎投資、知道向行家請教的人，才能牢牢地保護好自己的金子。

4.投資那些自己不熟悉的行業，或者不聽從行家建議的人，將失去他們的金子。

5.凡是將黃金花在不可能盈利的事情上、聽信騙子的花言巧語，以及無知地輕信

自己幻想的人，都會在投資中失去自己的金子。

賺錢之道有三種方式，上策是用錢賺錢，中策是靠技術賺錢，下策是用勞力賺錢。諸位不要誤解我，我沒有貶低勞力的意思，我只是說明一個事實——勞力、技術、知識、錢都是可以用來生錢的工具，但我向大家推薦的方法是用錢生錢。

一個人首先要確保的就是一〇%的儲蓄，因為這是他未來以錢生錢的資金來源。如果他有債務的話，他必須確保拿出二〇%的收入用於還債，或者如果一開始生活困難，他可以先不做投資，因為他沒有多餘的錢，也沒有承擔投資風險的能力，但是無論如何都要進行儲蓄。這是他未來鉅額財富的種子。

經濟可以分兩種，即實體經濟和虛體經濟。所謂虛體經濟也就是用錢來賺錢。用錢來賺錢，就是把錢當成資產來運作，有哪些是不需要生產料，直接用錢來投資的呢？比如股票投資，比如債券投資，比如保險投資等。

身作為家長有責任給孩子上用錢賺錢的第一堂課，具體應該怎麼做呢？這很簡單，你可以和孩子一起關注某個投資專案。比如股票，你可以和孩子一起商議投資方式，從選股到出手，到結算，和孩子分享一切投資的成功或者失敗。有了家長在一旁輔助，孩子除了有信心，也能發揮他的主動性。

【理財訓練】

1. 告訴孩子用錢賺錢的前提是有計畫的先累積資金。
2. 告訴孩子怎麼樣用錢賺錢，然後陪孩子一起操作一次。

第三十六課 賺取零用錢的技巧

在嚴格控制孩子零用錢的同時，你還可以把賺取零用錢的技巧教給他們，讓你的孩子透過自己的雙手賺取零用錢。

西方家庭經濟條件多數優於我們，但他們對孩子的零用錢都有嚴格的要求和規定。

例如德國家長給孩子零用錢的原則是：定期發給，數額多少根據孩子的年齡和家庭收入的實際情況而定。如孩子需預支某些「必須品」而用錢時，家長會斷然拒絕，其良苦用心是培養孩子的節約意識。而且零用錢絕不作為獎勵孩子的手段，目的是教育孩子懂得他們努力學習完全是為了自己將來成為有用之材。

對孩子的零用錢，美國家長更為「苛刻」。據調查發現，美國五十四％的青少年學生沒有零用錢，而且年齡越大越不可能拿到零用錢，約有六八％的受訪青少年學生以打零工賺取零用錢。

更令人驚歎的是美國首富洛克菲勒，他是世界上第一個擁有十億美元財產的大富豪，但其子女的零用錢卻少得「可憐」。他家帳本扉頁上印著孩子零用錢的規定：七至八歲每周三十美分；十一至十二歲 每周一美元；十二歲以上每周三美元。零用錢每周發放一次，子女們必須記清每一筆支出的用途，待下次領錢時交父親檢查。賬目清楚、用途正當者，下周增發五美分；反之則減少。洛克菲勒認為，「過多的財富會給自己的子孫帶來災難」。這句蘊含哲理的話，值得我們深思。

在教給孩子賺取零用錢技巧的時候，應該注意一點——如果讓孩子有凡事都向錢看齊的想法，就違背了最初的原意了。

在嚴格控制孩子零用錢的同時，你還可以把賺取零用錢的技巧教給他們，讓你的孩子透過自己的雙手賺取零用錢。在賺取零用錢的過程中，他們還可以參與社會實踐，增強你的孩子與社會的接觸機會，這樣不僅可以讓他們明白金錢來之不易，而且對於他們以後在社會立足都會有很大的幫助。

【理財訓練】

1.阿木只有七歲，但是他已經開始自己賺取零用錢了。他的家庭經濟條件很好，阿木自然就很少有參與家庭勞動的機會，他的父母為了讓阿木明白金錢是靠勞動獲取的，想了一個辦法，既可以讓阿木有參與勞動的機會，還會讓他懂得金錢來之不易的道理。他們把家中的一部分家務活分給阿木，它們都是一些較為簡單的清潔工作，比方洗一頓碗盤五元，不過這五元也不是很容易賺到，如果洗得不乾淨，那麼就按照程度的不同扣除。

阿木平常根本就沒有把五塊錢當回事，不過他參與家務活之後，深刻體會到了五元來之不易，而且也明白了金錢是靠勞動獲得的，就是父母給的零用錢也是他們辛勤工作得來。阿木明白了這個道理之後，花費也節制了。

像這樣，讓孩子參與家務活賺取零用錢，可以趁孩子小的時候進行。

2.現在很多小孩很會賺取零用錢，他們會利用節日之名，比方說情人節、母親節、父親節等等，在地鐵站或者其他公共場所銷售鮮花來賺取零用錢。這也不失為一個賺取零用錢的好方法。

3.如果你家中原本就是做生意的，那麼這就是孩子最為便利的賺取零用錢途徑。阿林家中開便利商店，他每天都會到店裡幫忙，看到父母忙碌的身影，體會到父母賺

錢不容易。最開始的時候，阿林只不過是為了賺取自己的零用錢而來的，可是慢慢的，他明白了金錢是靠人們辛苦勞動獲得的。

4.還有一個較為簡單的方式，那就是出售報紙、雜誌之類的報刊。可以讓你的孩子收集家中的廢舊報紙、易開罐之類的雜物，讓孩子把它們合理分類，並堆放整齊，不僅讓孩子參與了家務勞動，還可以培養他們動手動腦的能力，最後把賣掉這些雜物的錢給你的孩子作為零用錢，這也不失為賺取零用錢的方法之一。

5.家長給孩子的零用錢一定要固定。阿朵的父母每周給她二百元作為零用，不過是有獎罰的，如果沒有把它們全部花掉，那麼就會多出五元作為獎勵；如果不到周末就已經花掉了，那麼就要在下周的零用錢中做相應的扣除。這也是一個孩子賺取零用錢的好方法，而且還可以控制孩子零用錢的花銷。

第三十七課 教孩子學會做自己的財務規劃

正確觀念的建立，是理財和投資最重要的關鍵。而正確的觀念需要從小塑造，孩子年紀愈小可塑性就愈高，如何在不引起反感或不揠苗助長下，建立下一代的正確理財投資觀念，就要看父母角色扮演是否成功了！

從小在美國長大的波美帶初去美國的小蘭來到嚮往已久的狄斯奈樂園玩。她們有點像劉姥姥進大觀園，美國的地大物博就連狄斯奈樂園附設的停車場都大到令人驚訝，一座可停上萬輛車的停車場，停好車後還有接泊車載客到樂園門口。由於停車場實在太大，波美隨手拿出小本子和鉛筆，把車子位置的代號記下來。她說，如果不記下來，到時候找不到車可就麻煩了！確實，在美國常有忘記停車位的人，找車找得滿頭大汗。

美國的小孩有些地方比華人小孩獨立。波美從上小學起就自己洗衣服、做早餐、帶妹妹坐校車上學。她隨身都帶著小本子，記帳或記一些事情。

言教不如身教，理財是人生重要的一環，因此這個重責大任自然要由父母扛起。孩子上小學後，父母可以試著在孩子面前討論家庭的財務規劃，不一定要強迫孩子參加，但可以關掉電視，全家人聚在客廳試著讓孩子隨性地參與家庭的財務討論，此時，父母可以把每個月的收入和支出算一算，列出資產負債表，用引導的方式，在孩子心中建立起初步的理財觀念。

此外，當有保險業務員拜訪時，父母也可以讓孩子參與，共同聆聽一些理財和保險的觀念，這種機會教育千萬不要放過。

教導孩子做個精打細算但不小氣的人，有賴父母的引導。也許是帶著孩子出門打牙祭，如何吃得好又吃得省，在決定餐廳前可比較一下價位、菜色，並讓孩子參與意見，如此一來，精打細算的精神就顯現出來，全家又吃得愉快，一舉兩得。

正確觀念的建立，是理財和投資最重要的關鍵。此外就是執行力。正確的觀念需要從小塑造，孩子年紀愈小可塑性就愈高，如何在不引起反感或不揠苗助長下，建立下一代的正確理財投資觀念，就要看父母角色扮演是否成功了！

由於孩子對金錢觀念和認知的薄弱，再加上處理財務的習慣若不及早養成，恐將造成日後揮霍無度。時下現金卡、信用卡瞄準學生族群，已然形成不小的社會問題。

因此父母應該在小孩小學到初中階段，適時給予理財教育。這些正是學校教育嚴重不足的地方。

至於哪些理財教育是父母應及早給予孩子的呢？這方面的資訊通常比較缺乏，在此提供的建議是：初級帳目登記、銀行存款、領款及轉帳的正式方法與觀念、塑膠貨幣的使用方式、貸款和負債等。

為了讓小孩子花錢知道心痛，必須把家裡的錢來一次「私有化」改革，方法很簡單，就是把過去一家人共有的錢分成三份：爸爸的，媽媽的，孩子的。當然，孩子的錢不要憑空劃到他的帳上，而是要看孩子每個月對家庭做了哪些貢獻，根據貢獻大小分配「工資」，這「工資」就是孩子的私有財產了，其他的當然就是爸爸和媽媽的了。因為是按勞務分配，所以小孩子分到的零花錢是自己的「血汗錢」，這樣就完成「私有化」改革了。

在「改革」的過程中，小孩子一可感到自己的錢財來之不易，二可感到這錢確實是自己的，大凡是人，對來之不易的私產都會倍加珍惜，這錢就不會輕易亂花了。如果有一天，你與孩子一起去逛街，臨行可對孩子說：「各人帶好各人的錢喔。」這時，你用眼瞟瞟孩子，看他那樣子可吝嗇了：小心的打開自己的錢包，權衡再三，多

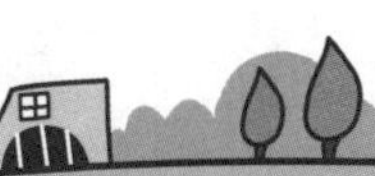

帶些呢，還是少帶些呢？最後一定會是少帶的，或者乾脆一文不帶了，再也不會像先前那樣，花起「公家」的錢獅子大開口。你看，節儉的習氣全靠「私有制」來養成，這樣就可以讓孩子漸漸學會如何打理自己的錢財了。

走在街上，因為孩子「自己有錢」，看到好吃的、好玩的，買不買全是自己做主，不會再纏著大人要錢買物了，不花就省下，花光了就乾瞪眼（學會了花錢要有預算的觀念）。不過我可提醒大人，看到孩子「手頭緊」，你可千萬別心太軟，又給他錢隨意花，這樣的後果是：「私有化」改革失敗，孩子又會變成花錢的「小祖宗」。

【理財訓練】

1. 和孩子一起玩大富翁遊戲。大富翁是許多人童年時玩的遊戲，也是孩子學理財和投資很好的入門工具，尤其是能從遊戲中學習理財和投資。小學階段玩大富翁，除了可以認識貨幣的交換價值，以及貨幣投資所能產生的加乘效應外，也可以學習現金流的觀念。建議家長們多和孩子玩大富翁，培養親子感情。孩子大約幼稚園中班到大班就可以瞭解和玩這種遊戲，只要父母耐心從旁引導，孩子很快可以進入狀態。不

過，我要提醒家長的是，不要太刻意將大人世界的理財和投資觀念一開始就灌輸給孩子，最好是讓他們自然的進入狀況，從錯誤和失敗的經驗中學習正確的理財和投資方式，建立正確的觀念。

2.軟性的讓孩子參與家庭理財會議，讓他從小具有理財意識。

第三十八課　每天存一塊錢，看如何增長到一百萬

理財重要的是堅持自己的計畫，不動搖，耐心最重要。

單調的和孩子講理財，孩子不容易接受，這個時候可以和孩子玩一些有意義的遊戲，比如「每天存一塊錢，看如何增長到一百萬」。

每天存一元，一年是三六五元，按銀行〇．四利息計算，一年後總共有多少？扣去各項稅務估算能得到十元。第三年初，就有了七百八十元，第四年一一九〇元，第五年的時候，開始準備把一一〇〇元做個新的安排。一千一百元投資國債（五年期），九十元繼續存銀行，五年後有多少呢？估計最少已經有五千元了。現在五百元可以投資點別的方案，如果還是按穩當的國債投資，那麼十年後起碼有一萬三千元。

和孩子繼續算下去，這樣的數字在累計中成倍的增長，遠不是三六五元乘年數那麼簡單，因為中間環節裡產生了利潤。到五十年時，主人已經有了可觀的資本，這時他可以進行比較大投資的時候了，比如開始投資股票和期貨，但是主人嫌風險太大，決定投資分紅保險，並且投資養老金。

如果孩子夠耐心，就可以算出一個奇蹟來，一元一天的存法居然很快能創造出一百萬來。

這個遊戲的意義在於教育你的孩子，其實小錢（一元）起步，可以達到百萬的富翁，只要自己能夠合理的規劃自己的理財計畫。

理財重要的是堅持自己的計畫，不動搖，耐心最重要。

【理財訓練】

1. 和孩子一起計算一天一元存到百萬的方式。
2. 告訴孩子，只要懂得理財，誰都可以成為百萬富翁。

第三十九課　合理節約，必要時可以讓孩子購買較貴重物品

再富也要「窮」孩子。父母從孩子小的時候，就不要讓他形成與別人攀比、高消費的習慣，而且要讓他學會自立。

家長要正確培養孩子的金錢觀。現在生活條件改善，父母對孩子都是寵愛有加，各種用品、玩具不計價錢，零用錢張口就給，九成以上的孩子存在亂消費、高消費、理財能力差的問題。

父母要把握機會讓孩子明白，大人給他的錢需要付出多少才能獲得，買東西要讓他在預算額度內自己買。這樣他會很慎重地貨比三家，改掉衝動購買的壞習慣，從而學會細緻打理自己的財產。當孩子想買一件夢寐以求的貴重物品時，你可以告訴他：「什麼時候你存夠錢時，我們就去買。」他會想，如果從每周的零用錢中存三十元，十個月可以買到；如果從每周的零用錢中存四十元，八個月就可以買到了。這樣可以

讓孩子知道東西得來不易。孩子買東西時，家長可以給建議，但不要越位代其做主；孩子稍大時，要鼓勵其透過自己的勞動或智慧獲取財富，比如在不防礙學習的同時打工，或者向父母借錢（一定要是「借」）、買賣一些同齡人的生活學習用品等獲得額外收入，讓孩子體會賺錢的艱難，體諒父母的辛苦。另外，也要引導孩子如何正確利用金錢，比如給長輩、老師、親朋好友買點合適的禮物表達心意，給社會弱勢群體以力所能及的幫助等，培養孩子的家庭和社會責任感，以及成就感。

再富也要「窮」孩子。父母從孩子小的時候，就不要讓他形成與別人攀比、高消費的習慣，而且要讓他學會自立。給孩子的花費要根據情況設定金額，並嚴格執行，要讓孩子意識到必須做好支出規劃，並合理控制，父母不能在孩子超支時就增加預算，要讓孩子有危機感，節制欲望，不足部分要自己想辦法。如果確有重要的意外大額支出，可以向父母借（注意是「借」，而不是給），但要從今後的額度中扣除，並要計算利息。

初始階段可設置較短的預算周期，比如一周，在逐步培養起孩子規劃及自制意識和能力後，再逐步延長預算周期，進行強化和鞏固。經過一段時間後，孩子一方面自我管控能力提高，另一方面也可能產生反抗情緒，這時父母可一方面予以教育引導，

另一方面把家庭的財政管理大權交給孩子，父母花錢向孩子要，並且像孩子那樣經常要、多要，讓孩子體驗「不當家不知柴米貴」，也讓孩子有換位思考和體驗的機會，增進雙方的理解，強化孩子自我理財的管控意識。

做孩子的節約模範。父母是孩子的第一任老師，現代社會競爭越來越激烈，如果沒有正確的理財意識以及責任感，不僅影響孩子的成長、教育問題，也會影響未來的家庭幸福和社會和諧。父母在家庭的收支上要注意勤儉節約，並且注意學習理財知識、技能和觀念，這會給孩子帶來積極影響。在節日期間不妨帶孩子逛逛書店，給孩子買一些益智、理財的故事書等，讓孩子在日常的學習、閱讀中加深對理財知識的瞭解和體驗。父母也可以與孩子一起學習理財知識，帶領孩子參加一些兒童理財培訓和相關的遊戲，在其樂融融中增進親情的同時，培養孩子甚至也包括自己的理財意識和能力。

生活的節約可以從身邊學起，比如上個月的水電費一共是五百元，那麼你就給孩子五百元做為這個月的電費，和他說，只要把電費控制在五百內，多出來的部分可以由他自己支配；如果超額了，那麼多出的部分兩個人平攤。孩子會努力的去節約水電，漸漸就養成了習慣。

方法當然還有很多，只要父母用心引導孩子節約，孩子一般都能做到。

【理財訓練】

1. 家長幫忙糾正孩子錯誤的金錢觀。
2. 讓孩子覺得錢被浪費後就辦不了大事（買不起貴重的東西）。
3. 培養孩子節約從身邊做起，讓他明白生活的節約就是對金錢的節約，靠節約能得到錢。

第四十課　教孩子用手中的零用錢建立自己的事業

家長不可一味的滿足孩子索取零用錢的需求，如果孩子向你要錢你就給，久而久之，孩子會形成強烈的金錢依賴心理，不但不懂得節儉，還會覺得就是把手裡的零用錢花掉了也沒有關係，反正爸爸媽媽那裡還有得是。這樣一來，他們根本就不會懂得金錢得之不易，父母想要教孩子用零用錢建立自己事業也淪為紙上談兵，如同幻影一般。

現代家庭的孩子手中零用錢都不算少，可以買自己喜歡的東西，不過你是否想過，教你的孩子用手中的零用錢建立自己的事業。

凡大成者，年幼的時候都會有一個遠大的抱負，出身顯達之人先不說，很多人都是靠自己的雙手成就一番偉業的。

在過去短短幾年間，身為俄羅斯臭名昭著的「寡頭」階層中的一員，現年四十歲的霍多爾科夫斯基已成功地將自己和所掌控的尤科斯石油公司做了個一百八十度的

大翻身，成了「現代」的代名詞：他成了西方知名媒體追逐的對象，他與西方國家的政要把盞言歡，從而樹立起一個其他寡頭不情願效仿的樣板，並成為俄羅斯最有錢的人——美國《Forbes》雜誌估計他的資產逾八十億美元。在尤科斯宣佈與西伯利亞石油公司合併成為全俄最大石油公司，以及全球第四大石油公司後，霍多爾科夫斯基的能量更是不可限量。在《Forbes》年初的「全球十大最有影響力的富豪」排名中，他排在第七位。

霍多爾科夫斯基小時候，就是一個與眾不同的孩子。一九六三年，霍多爾科夫斯基出生在莫斯科一個普通的集體公寓裡。父母都是工廠裡的工程師，霍多爾科夫斯基是家裡的獨子，父母給他的零用錢並不多，年少的他一直想成為商人。他那時的理想是當一個蘇聯工廠的廠長，由於他經常向同伴談自己的志向，五歲時便有了「廠長」的綽號。後來霍多爾科夫斯透過幫一家糖果公司裝卸貨物，年少的他已能為自己掙些零用錢。在門捷耶夫化工學院時，他曾拿著斧頭在西伯利亞鐵路上看管薪水冊，也曾在工廠擔任機工。總之，收入都比他父親多。在不斷累積零用錢的過程中，霍多爾科夫斯渴望自己有一個事業的野心也在逐漸膨脹，他能取得今日的輝煌和小時候自己賺取零用錢的經歷不無關係，也可以說，他是用自己手中的零用錢成就了今天的偉業。

教孩子用手中的零用錢建立自己的事業，霍多爾科夫斯的成功就是一個很好的例子。家長不可一味的滿足孩子索取零用錢的需求，如果孩子向你要錢你就給，久而久之，孩子會形成強烈的金錢依賴心理，不但不懂得節儉，而且會覺得就是把手裡的零用錢花掉了也沒有關係，反正爸爸媽媽那裡還有得是。這樣一來，他們根本就不會懂得金錢得之不易，父母想要教孩子用手中的零用錢建立自己的事業也淪為紙上談兵，如同幻影一般。

想要讓你的孩子用手中的零用錢建立自己的事業，第一步就是在給孩子零用錢方面要做到有所節制，讓孩子感覺自己手中的零用錢不是很夠用，這樣他們就會盤算如何透過其他途徑獲取更多的零用錢。當他們自己賺取零用錢的時候，自然會感覺金錢來之不易，花起錢也就不會那麼大手大腳了，這時候，你可以變相的向孩子灌輸這樣的思想——用手中的零用錢建立自己的事業。

阿聰的父母就是這樣的家長，阿聰正值小學階段，父母給他的零用錢很有節制，阿聰也想獲取更多的零用錢，父母明確的告訴阿聰：我們能給你的零用錢只有這麼多，你想有更多的零用錢就得自己想辦法。

阿聰每天完成功課之後，就到街邊賣報紙，慢慢的，他體會到了賺錢的不容易。

不過他並沒有把自己掙到的零用錢花掉，而是把它存起來。

阿聰的父母注意到這一點，有一天，父親問阿聰為什麼沒把賺到的零用錢花掉呢？

阿聰回答，爸爸，我捨不得花掉，因為我感覺到了你和媽媽賺錢的不容易。

父親撫摸著阿聰的頭說，孩子，這並不是我們的本意，我們是想要你用手中的零用錢建立自己的事業。

阿聰想了一會說，爸爸，我可以用手中的零用錢建立自己的事業嗎？

父親笑著說，當然可以。你願意用自己儲蓄下來的零用錢交學費，對不對？

阿聰毫不猶豫的回答「是」。

父親接著說，阿聰，學業就是事業的基礎，你的學問比別人高，成功的機會也比別人多。

阿聰：「爸爸，我明白了，你是想要我用自己的零用錢來建立我事業的基礎，對嗎？」

阿聰的父母相視一笑，誇阿聰好聰明。

之後，阿聰就用自己儲蓄的零用錢交學費，而且學習起來也很有動力，因為他已

經明白了賺錢不易。再加上他在賣報紙的過程中與不同的人都有所接觸，於是比別的孩子多了一份收穫。後來，阿聰的事業也成功得很快，他回憶說自己要感謝父母，是他們教會自己用手中的零用錢建立起自己的事業。

【理財訓練】

1.你大可以讓孩子用手中的零用錢買學習用品，這樣，孩子對於它們就會愛護有加。家長還應該不失時機地告訴孩子，學業是事業的基礎，你是在用手中的零用錢建立自己的事業。

2.當你的孩子懂得金錢來之不易的時候，他們就會把零用錢儲蓄起來，家長這時候可以向孩子進行教育，教會他們用手中儲蓄起來的零用錢繳納學費，而且要讓孩子明白學業是事業的基礎，這樣學習起來就會動力十足。

第六部分

理財總論：用財智梳理人生

錢能買來食物，卻買不來食欲；錢能買來藥品，卻買不來健康；錢能買來熟人，卻買不來朋友；錢能買來奉獻，卻買不來信賴……任何東西都有其兩面性，金錢也不例外，它並不能解決所有問題。拿破崙曾擁有許多人夢寐以求的榮耀、權利和財富，但他卻說：「我這一生都沒有過一天快樂的日子」。

古希臘作家普魯塔克說：「道德是永存的，而財富卻每天都在更換主人。」

因此，在教孩子學習理財的過程中，一定要灌輸給孩子正確的金錢觀，讓他們學會用自己的財智梳理出一條光明而有意義的燦爛人生路。

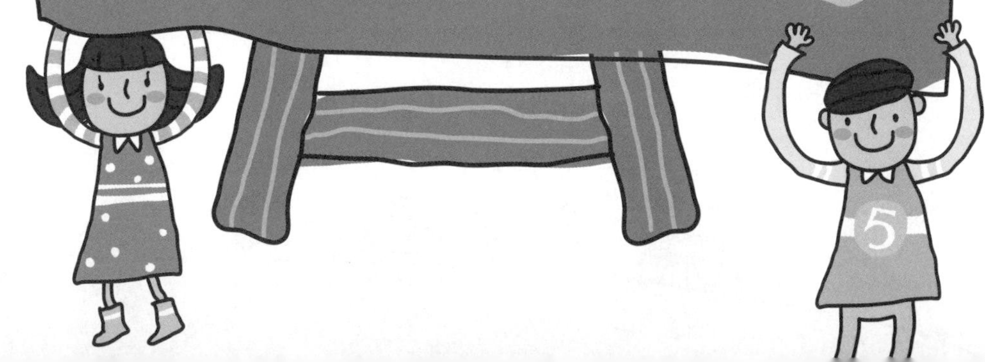

第四十一課　使孩子克服可能失去金錢的恐懼心理

對某些情景、某些事物、某些特殊對象的恐懼是孩子成長過程中普遍存在的一種心理現象。由於小孩的認識水準低，對客觀環境的適應能力差，適應方式簡單，控制及調節情緒能力差，偶然的害怕、恐懼是孩子對周圍環境、事物的正常反應。

擁有金錢的目的並非是僅僅擁有更多的錢，而是讓金錢使自己的生活更美好，精神更充實。在我們的生活當中，有些人會因為過於依賴金錢而對可能失去金錢產生恐懼心理。應該讓孩子知道，雖然沒有一個人喜歡失去金錢，但也從來沒有一個在一生中不損失金錢的人。

每個人都存在可能失去金錢的恐懼，你的孩子也不例外，但恐懼本身並不成為問題，孩子如何處理這種恐懼心理，才是問題的根本所在。對某些情景、某些事物、某些特殊對象的恐懼是孩子成長過程中普遍存在的一種心理現象。由於小孩的認識水

準低，對客觀環境的適應能力差，適應方式簡單，控制及調節情緒能力差，偶然的害怕、恐懼是孩子對周圍環境、事物的正常反應。

但是，孩子的恐懼與其經驗有密切的關係。比如，有的孩子怕洗澡，那是因為他曾有過痛苦的洗澡經歷；孩子怕打針，那也是由於打針曾給孩子帶來過疼痛。

小莉娜兩歲前是不怕打針的，但兩歲後的某一天，由於連續幾天高燒不退，小莉娜的媽媽帶她到醫院檢查，結果被幾個醫生按住手腳和頭，從頭部打針，小莉娜當時哭得聲嘶力竭……從此，小莉娜便開始害怕打針，甚至一見到穿白袍的人就哭。

因此，如果你的孩子對金錢有著某種恐懼心理，那麼孩子肯定在金錢上有過被傷害的經驗，而孩子害怕的對象往往與他們親近的人害怕的對象關係密切，這是經驗傳遞的結果。

正在讀初二的王全過春節時和父母一道去拜年，收到了好幾個紅包。不過，沒等王全高興多久，他一回家，口袋內的「壓歲錢」便面臨被父母「收繳」的命運。王全不給，父母便上來翻他的口袋，孩子覺得壓歲錢是自己的，父母不應該用這樣的方式來剝奪。情急之下，王全便和自己的父親動起手來。

在爭搶的過程中，王全被父親抓傷，他不能想像，平日疼愛自己的父親，為了這

麼點壓歲錢竟會如此，他一怒之下，把手中的壓歲錢扔向父母，「你們不就是想要我的壓歲錢嘛，給你們，全都給你們！」

從這以後，對於錢，不管誰給的錢，學費、零花錢與壓歲錢，王全都不拿。每學期交學費的時候，他的父母得親自到學校交；零花錢，王全也一分錢都不要，誰給的都一樣；過年去爺爺奶奶家，堅持不拿壓歲錢，如果有人非要王全收下，他甚至會拔腿就跑。

王全的父母當時只是出於怕孩子亂花錢的想法，想幫孩子管理壓歲錢，但是所採取的方式卻在孩子心靈上造成了傷害，致使王全以後一看到錢就產生恐懼心理，他覺得是錢害得父母那樣對自己，如果沒有錢就不會有那件事發生了。

阿華的家庭不是很有錢，他的父母對金錢看得很重，買一點東西都要算計好半天。有一次，媽媽帶著阿華出去玩，阿華看到街邊有一個賣小百貨的攤子，上面琳琅滿目的陳設著招攬小孩子的玩意。

小孩子對事物都有種與生俱來的好奇，阿華不過八歲，自然而然的朝著小攤子走過去。他看到一個顏色鮮豔的小球，眼睛一眨不眨的盯著，攤主一看就知道阿華喜歡，說，拿起來玩一下吧！

阿華順從的拿起來，把玩了一會兒，然後看著自己的媽媽，這時候，攤主又說話了，小孩子喜歡就給他買一個玩吧，不過幾塊錢的東西。誰知阿華的媽媽一把奪過阿華手中的東西，買什麼買，成天除了玩還知道什麼，走，回家去。

阿華被媽媽突如其來的舉動和話語嚇壞了，阿華一直以來都是一個很聽話的孩子，他知道家裡不算富裕，很少和父母要什麼東西。阿華被媽媽拉著，眼眶裡都是淚水。之後，阿華即使看到自己喜歡的東西也不會表達自己的喜歡，對於錢也隻字不提。

正是因為阿華母親對待金錢的吝嗇，導致阿華對於金錢產生恐懼心理，不會把自己的喜歡之情表露出來，關於錢的東西一概閉口不說。

足可見，孩子對金錢恐懼心理的形成與家長的教育方式有著直接的關係，如何正確的引導就顯得尤為重要。

【理財訓練】

1. 富有的家庭給孩子零花錢時，不要給得太多。給得太多，孩子亂花錢不說，如

果哪次給少了，他會懷疑「是不是父母沒有錢了」，進而害怕自己失去昔日那種大手大腳花大錢的生活方式。

2.經濟條件不是很好的家庭，給零花錢也不要太吝嗇。如果太吝嗇了，孩子會覺得父母沒有錢，拿什麼養活我呢？進而會產生害怕失去金錢的恐懼。

3.對於孩子的壓歲錢，父母不要認為自己享有管理權，強硬的搶奪就會使孩子產生失去金錢的恐懼心理。理想的解決方法，是和孩子一起把壓歲錢存到銀行裡，不過，戶名一定要用孩子的名字，使用權也歸孩子，但是父母需要向孩子說明，他花了多少錢，買過什麼東西，要定期和家長彙報。

4.父母購物的時候不要太斤斤計較，特別是孩子索要玩具的時候，眼睛不要盯著價碼不放，這樣孩子就會想，是不是家裡沒錢了，害怕失去金錢的心理也隨之產生。不管孩子索要什麼物品，買與不買都要給孩子一個可以接受的說法。

第四十二課 告訴孩子在什麼情況下錢會成為一種負擔

金錢可以讓生活變得更加美好，也可以成為一種生活負擔，何以會產生截然相反的兩種情況呢？它取決於對待金錢的態度，與如何合理的消費。

孩子對金錢有一定認識的時候，家長身為孩子的第一任老師，應該慢慢的向孩子灌輸思想，讓孩子逐步意識到在什麼情況下，金錢會成為一種負擔。

這是很有必要的，也是孩子應該有所意識的一個問題。金錢可以讓生活變得更加美好，也可以成為一種生活負擔，何以會產生截然相反的兩種情況呢？其實很簡單，它取決於對待金錢的態度，與如何合理的消費。

東東是一個活潑好動的孩子，他出生在一個富有之家，大人們都很喜歡東東，有什麼好玩、好吃的都留給他，他想要什麼東西，父母總是二話不說就買給他。久而久之，東東形成了一種習慣，只要他喜歡的東西，就必須買給他，否則就大哭大鬧。父母怕他哭壞身體，只好什麼都依著他。

等東東對金錢有所認識的時候，他已經是一名小學生了，他也感覺到，金錢是個好東西，有了它，自己想要什麼都能買到。父母對於他要東西早已習慣，只要他張嘴就給他錢。有時候問他怎麼花錢那麼多，東東就不高興；有時候給的少了，東東就哭鬧。這時候，他的父母才意識到金錢已經成為孩子的一種負擔，想要扭轉局面，花費了很多的精力與時間，東東才有了一點對金錢的正確認識。

這樣的事例太多了，由於父母對孩子的嬌縱，使得孩子在花錢方面大手大腳，甚至到了沒有錢就不行的地步。金錢並不能買快樂，有的只是一時的歡愉，如果父母能在早期就讓孩子逐步認識到這一點，那麼，這樣的情況又怎會出現？

凡事都有一個度，超過了這個度，就會成為一種負擔。對待金錢也是如此，過度的亂花錢會使金錢成為一種負擔，相反地，吝嗇摳門也會使金錢成為一種負擔。

阿強的父母就是這樣吝嗇摳門的人，家裡有的捨不得用，有錢也捨不得花，買東西砍價還價到了極致，導致他們一來到附近的市場上買東西，攤主們就立刻感覺頭疼。

阿強的父母對阿強也很吝嗇，不輕易給阿強零花錢。阿強自然也受到父母的影響，自己有的玩具，別的小朋友想玩一下絕不可能，而別人的玩具，他卻直接搶來

玩，經常有家長拉著自己的孩子上門找他父母，你看看，你家孩子把我家孩子的玩具搶去了不說，還把我家孩子的手刮破了。每當這種時候，父母從來不說自己孩子的不好，總拐彎抹角的說人家的孩子不是。

這樣一來，阿強的是非觀念徹底被扭曲，更為嚴重的情況發生了，他搶了別的小朋友零花錢。他父母面對那個家長上門質問，反倒說是阿強撿到的，誰說是搶的。阿強自己在一邊偷樂著，正因為父母的吝嗇，不給阿強零花錢，致使阿強最後搶奪他人的金錢。

從阿強有了金錢認識的時候，金錢已經對他形成了負擔，也正因為其父母對他的吝嗇摳門，使他形成了強烈的擁有欲望，導致搶奪他人的金錢。

父母對孩子的影響很深，因為父母是孩子最為親近的人，也是孩子的第一任老師，在孩子對事物有初步認識的時候，父母對待事物的觀念就直接影響孩子。孩子金錢觀念的形成當然也是如此，當金錢成為一種負擔的時候，再想改變就沒那麼容易了。

阿仔的父母都是普通勞動者，家庭收入一般，基本上屬於「月光一族」，當月的收入當月就花光了，也不怎麼懂得理財，要是哪個月遇到紅白喜事，這個月的生活就

有些緊張。

阿仔是個很聰明的孩子，很小的時候就能感覺到家裡經濟條件不是很好，也不輕易開口和父母要東西，不過他還是感受到了這種金錢壓力。

麥當勞是小孩子喜歡去的地方，那裡不僅有好吃的也有好玩的，可阿仔從來也沒去過，他只是看到別的小朋友進去再出來時臉上的滿足與快樂。他也很想進去，可他知道父母的錢不多，知道麥當勞的東西很貴，因為去那裡的小朋友家庭條件都比他好。

阿仔壓抑著想去麥當勞的想法，有一次，媽媽剛發薪水，和他說，仔仔，媽媽發薪水了，今天你想去哪玩，媽媽就帶你去。阿仔很小聲的說，我想去麥當勞。他察覺到媽媽的表情變了一下，然後說，好，我們這就去。

那天，阿仔吃得高興，玩得也很高興。可回來之後，有很長一段日子，吃飯的時候飯桌上都沒有肉。阿仔開始深深自責，他覺得如果自己不說想去麥當勞就不會這樣。無形之中，阿仔已經被金錢的負擔壓迫著。

其實，阿仔的媽媽大可以告訴他，如果我們去麥當勞，那麼這個月的生活就會不太好過，可能就沒有肉吃了。這樣的話，阿仔就不會深深自責了。事前把事情的最壞

局面告訴孩子，讓孩子明白這樣做可能要面臨些什麼，再讓他重新做決定，豈不是更好？

身為家長，你也需要告訴孩子在什麼情況之下，金錢會成為一種負擔。

【理財訓練】

1.父母對孩子的過度嬌慣，會使金錢成為孩子的負擔。因為孩子一直都處在張口就能擁有金錢帶來的快感當中，並且樂此不疲，對金錢的過分依賴，自然會形成一種負擔。父母最好能在孩子張嘴要東西的時候，明確告訴孩子，要東西可以，不過需要有合理的理由，買這東西你能學到什麼，或者為什麼買，這樣，孩子就會懂得有所選擇。

2.父母的吝嗇也會造成金錢給孩子帶來負擔。孩子處於對事物充滿好奇的時期，別的小朋友擁有的東西，他也想擁有，可父母的吝嗇使孩子無法滿足自己的欲望，怎麼辦呢？搶的念頭就出現了，孩子之所以會搶奪東西與財物，就是源於父母對待金錢的吝嗇摳門。

3.經濟條件不是很好的父母，不管孩子想要做什麼事情，或索要什麼東西的時候，都應該把可能發生的情況向孩子說明，並且把選擇的權利交給孩子，這樣孩子就不會有金錢負擔，而且會勇敢的承擔自己的行為所導致的後果，進而培養孩子擔當責任。

第四十三課 讓孩子意識到零用錢還可以幫助他人

家長可以逐步向孩子灌輸這樣的觀念：你買一件玩具，這件玩具只會帶給你一個人快樂，也可以說，你自己手裡的零用錢只給你一個人帶來快樂，你還可以讓自己的零用錢帶給很多需要幫助的人快樂。

阿良的家庭很富足，手頭的零用錢也很多，不過他的父母對他的教育也與其他人不同。

在阿良開始對金錢有所認識的時候，父母會給阿良一定數額的零用錢，讓阿良自己支配這部分錢。當阿良自己買來心愛的東西，他也高興，因為這是他自己買來的，而不是在父母的陪同之下。

有一次，阿良和父母一起出去逛街，沿街有很多行乞的人，阿良對這些人產生好奇，問媽媽，這些人為什麼蹲在那裡要錢啊？

阿良的母親說，因為他們沒有經濟能力，也就沒有固定的收入，你看這個腿腫得

很厲害的人，你說他能賺錢嗎？

阿良看著腿腫得很嚴重的乞丐，想了一會，回答，不能。同時，他臉上呈現出痛楚的表情。

這時候，阿良的母親問他，阿良，你願意幫助他嗎？

阿良不假思索的回答道，我願意。不一會兒，又說，可是，媽，我怎麼幫助他呢？

媽媽微笑地答道，阿良，你有零用錢不是嗎？你可以把自己的零用錢給他一些，這就是在幫助他，對不對？

阿良馬上意識到，自己可以用零用錢幫助他人。他從口袋裡拿出自己平時儲蓄下來的零用錢，並且全部放在那個腿腫得很厲害的乞丐面前的碗裡。

乞丐看到一個小孩給他錢，立刻說，謝謝，謝謝，你真是個好人，一定會有好報的。

阿良本來是要和媽媽一同去買自己喜歡的玩具的，可他把零用錢都給了這個乞丐。媽媽又問他，阿良，你不是要買玩具的嗎？怎麼把錢都給了他呢？

阿良想了一會兒，說，沒關係的，買玩具的錢我還可以再存，我覺得他比我更需

要這錢。

媽媽向阿良投以讚許的目光，阿良，你說得很對，你很了不起。

阿良意識到自己的零用錢不僅可以買喜歡的玩具，還可以幫助他人，並且在這個過程中，阿良也意識到了金錢在幫助他人時給自己帶來的快樂。

像這樣的機會教育很多，關鍵要看父母是否有這樣的意識，循循善誘地讓孩子自己認識到零用錢還可以幫助他人。

透過這個故事，我們不難看出，家長對孩子的正確引導，對孩子的金錢觀念有著決定性的作用。

阿紅是家裡的獨生女，父母對她疼愛有加，不過在給阿紅的零花錢上，卻是很謹慎，阿紅想要買什麼東西，會與父母協商，父母要求她說出為什麼要買這件東西的理由，所以阿紅在使用零用錢上也很合理。

有一天，阿紅在家裡看電視，電視上正播出貧困地區的孩子由於家裡沒錢而輟學的新聞。阿紅看著電視裡生活條件困苦的孩子，他們很多都與自己年紀相仿，不禁發出感歎，爸，你看，這些孩子生活多苦啊，他們很多成績都很優秀，可是因為家裡沒有錢只好輟學了，多可惜啊。爸爸坐到阿紅身邊，也說，是啊，你看他們，和他們相

比，妳幸福很多很多了，對不對？

阿紅嘟噥著小嘴說，嗯，爸爸，我好想讓他們像我一樣可以上學。

爸爸問，妳真的想幫助他們嗎？

這時候，阿紅的眼睛裡折射出一道明亮的光，嗯，想，很想，非常想。

阿紅的父親提出問題了：阿紅好懂事，其實妳是可以幫助他們的，他們沒有錢上學，妳想想怎麼樣能幫助他們呢？

阿紅一邊動腦筋一邊念著，他們沒有錢所以不能上學，我怎麼幫助他們呢？對了，爸爸，我想到了，我可以把自己的零用錢存起來給他們，這樣他們就可以繼續上學了，對嗎？

父親笑了，阿紅好聰明，說得很對。

從這以後，阿紅開始存零用錢，她看著自己的零用錢一天天增多，變得越來越高興，等零用錢存到一定數額的時候，阿紅在父母的陪同下，把自己的零用錢捐助給慈善團體，阿紅就更開心了。

後來，阿紅在不斷捐助的過程中，還與困苦地區的孩子交了朋友，開始有書信往來。在整個過程中，阿紅的快樂越來越多，因為她在幫助他人的過程中，體會到了一

份成就感。

想要你的孩子也意識到零用錢還可以幫助他人嗎？那麼，就要抓住時機，向孩子傾注這樣的思想，並且讓你的孩子自己意識到這一點。

家長可以逐步向孩子灌輸這樣的觀念：你買一件玩具，這件玩具只會帶給你一個人快樂，也可以說，你手裡的零用錢只給你一個人帶來快樂，你還可以讓自己的零用錢帶給很多需要幫助的人快樂，這時候，你所感受到的快樂就會有所不用，因為還有其他人一起分享你的零用錢所帶來的快樂，這會比一個人獨享它時更為快樂，甚至還會有一種成就感伴隨著你。

這樣，也可以逐漸培養孩子樂於助人的品德，豈不是一舉兩得？

【理財訓練】

1. 父母身為孩子的第一任老師，對孩子的金錢教育很重要。遇到好的機會，千萬不要錯過對孩子進行金錢教育。利用機會循循善誘地教育孩子，讓他們明白自己的零用錢可以幫助他人。

2.讓孩子意識到貧困的人更需要幫助，明白用自己的零用錢可以幫助別人。在這個過程中，你的孩子體會到的快樂，將會比他一個人獨享零用錢的快樂更多。

3.當你的孩子把只剩下半截的鉛筆扔掉，你也可以不失時機的問他，你們班上有沒有同學把剩下很小段的鉛筆套上筆蓋再使用？孩子會回答，有。你可以接著問他，他們為什麼這樣做呢？孩子會說，因為他們買不起新的。你可以明確地告知孩子，那你為什麼不用自己的零用錢幫助他們呢？

第四十四課 讓孩子知道發財夢是噩夢的開始

家長自身應有正確的金錢觀，不論貧富，都可以生活得舒心、快樂，這樣，你的孩子就會受到你的影響，具備樂觀向上的人生觀。家長應該善於利用機會，向孩子說明金錢可以帶來快樂，但是不正當途徑而來的金錢要不得，而且過分的想要發財是不正確的，發財夢也是噩夢的開始。

想發財的人很多，做夢都想發財的人就更多了，只不過真正發了財的人僅僅是少數，大多數人還是過著普通平靜的日子。有些人想發財想瘋了，進而開始想著如何能在短時間內擁有一大筆金錢，更有甚者，利用歪門邪道圓自己的發財夢，只不過他們最終的結局都是一個樣，成了牢房裡的囚徒。當他們苦心經營自己發財夢的時候，也是其噩夢的開始。

很多小孩子也想發財，其實他們的動機單純，不過是想買更多的零食、玩具，不過這時候如果家長不加以正確引導，在孩子們小小的心靈裡，也會種下罌粟之花。所

以，當發覺孩子的金錢欲望不斷膨脹的時候，就需要旁徵博引，讓你的孩子知道，發財夢是噩夢的開始。

發財夢，誰都做過，只是有些人不能控制自己的欲望，想不勞而獲，成天想著如何能在最短時間內發一筆橫財，這也是噩夢的開始。

那些殺人越貨之徒，就是在這樣的發財夢指引下，一步步走向犯罪的深淵。搶劫就是最為典型的案例，搶銀行、劫銀車、盜竊珠寶行、撬門入室掠取財物等等，在這些人的心中早已沒有是非曲直，有的只是膨脹到極致的金錢欲望，或者說他們已經沒有了自我意識，只想著大幹一場之後，過著吃喝玩樂的逍遙日子。有句老話說得好，「要想人不知，除非己莫為」，天網恢恢，疏而不漏，最終他們只能與牢房窗口射入的幾縷陽光為伴。

家長應該告訴孩子，想要發財本質上並不是件壞事，採用正確合理的途徑，加上自己的不懈努力也一樣可以發財，如果有一絲邪念參雜其中，都是罪惡的開端，噩夢的開始。

如今，買彩券成為一種流行趨勢，幾十元可能換來甚至上億元的回報。彩券也為想要發財的人們提供了一個便捷的方式，可是如果把它當作自己的生命追求，終日迷

戀其中，可謂玩物喪志。

現實生活中，這樣的人不乏其數，很多人成天鑽研的就是彩票經，把自己的絕大部分收入都投入其中，中獎了說明這個人運氣好，不過這天上掉禮物的事百年不遇，一旦失敗，整個家庭便會陷入生活危機。這樣的生活毫無樂趣可言。我們大可以把彩券當作一件給自己帶來快樂的事情，買的時候，不需要抱多大的希望，如果僥倖中了點獎，豈不是其樂融融？

家長首先應該有正確的金錢觀，不論貧富，都可以生活得舒心、快樂，這樣，你的孩子就會受到你的影響，具備樂觀向上的人生觀。家長應該善於利用機會，向你的孩子說明金錢可以帶來快樂，但是不正當途徑而來的金錢要不得，而且過分的想要發財是不正確的，發財夢也是噩夢的開始。蘇東坡在《前赤壁賦》有這樣一句話，「苟非吾之所有，雖一毫而莫取」，要想發財可以，不過需要自身的努力，孩子現在最重要的事情就是把書讀好，將來才有成功的機會，當然就會發財。

【理財訓練】

1.傳媒對於搶劫行騙者的報導很多，家長可以不失時機地向孩子說明道理：想發財不是件壞事，不過要透過正確合法的途徑，再加上自己的努力才可以達成，而身為孩子，目前需要做的就是努力學習，讀好書，增強對各門功課的掌握，這樣將來才有機會發財。

2.當你與孩子經過彩券行的時候，你也可以向孩子灌輸這樣的思想：買彩券是有發財的可能，不過，如果發財那麼容易，那麼這些彩券迷早就成了百萬富翁。所以說，最好的態度就是把買彩券當作一種樂趣，偶爾為之，中不中獎並不重要，切不可沈溺其中，那樣的發財夢要不得，因為它是噩夢的開始。

第四十五課 避開人生中最大的陷阱——金錢萬能

想讓你的孩子避開「金錢萬能論」這個人生最大的陷阱，其實很容易，當孩子對金錢有所意識的時候，他們的認知也開始發揮作用，身為家長，這時候不需要把道理全部講給孩子聽，你可以讓孩子自己去找尋真理，孩子自己領會到的事理比大人直接教的更深刻。

現在的小孩當中有一股可怕的攀比之風，他們比誰穿的衣服是名牌，誰的玩具更先進，而且還會結成幫派，家裡有錢的小孩自成一派，他們趾高氣揚，盛氣凌人，鄙視家境不好的孩子，家境不好的小孩就會感到自卑，甚至痛恨自己的父母，為什麼自己家裡沒有錢。

這些孩子已經陷入了可怕的怪相裡，他們向金錢看齊，認為金錢是萬能的。家長應該給予孩子正確的引導，不論家庭富有與否，都應該在孩子剛形成金錢觀念的時候，循序漸進的讓孩子明白，金錢並非萬能，這樣，孩子在成長的道路上就可以避開

人生中的最大陷阱——金錢萬能論。

一直以來，不少人在爭論著快樂與財富是否成正比，收入一百萬的人所領略到的快樂和收入十萬的人相比是否增加十倍，最終結論是否定的。過了小康階段，鉅額的消費只是一種炫耀而已，畢竟一個人不能同時乘兩輛車，不能同時打兩場高爾夫球，不能同時住兩棟別墅……中國古代有「黃粱一夢」的典故，外國有「百萬英鎊」的故事。「百萬英鎊」裡的兩個富翁跟流浪漢開一個玩笑，在滿足了流浪漢的種種虛榮及物質願望之後，卻發現金錢並不能買來所有的東西。追求財富並不是生活的全部，健康、快樂、天倫才是最重要的。能透過投資增加財富，提高生活品質是錦上添花，但與之而來的壓力也是與財富相伴相生。如何化解它，便是每個人要修的另一門更重要的功課。

阿旺一度認為有錢就是好，錢是萬能的，他希望父母是大老闆。一個夏日炎炎的暑假，他從電視裡看到許多孩子都去國外旅遊，寄宿國外的友人家，阿旺也曾三番五次吵著媽媽讓他出國，像那些有錢人家的孩子，可以出國深造，但是媽媽平靜地告訴他：「我們家不是什麼富裕人家，根本付不起昂貴的學費，而且你現在看到的只是他們光鮮的表面，你不懂有錢人家小孩的苦惱！」

阿旺當時並不能理解媽媽的話，但他看了有關的電視報導以後，感悟到其實金錢不是萬能的，錢可以讓他出國，但買不到家庭的溫暖。那些有錢的小孩，有的從小就沒有得到過父母的關愛，他們的父母為了賺錢不能照顧孩子，就讓保姆帶，連全家聚在一起吃飯的時間都沒有。在他們的成長中沒有父母的記憶，這是多麼可憐，他才不希望自己有這樣的童年。

這時，阿旺忽然發現父母雖然不是腰纏萬貫，但他們可以無時無刻地陪在他身邊，跟他分享快樂，助他度過難關，這才是他要的幸福！在魚和熊掌不能兼得時，親情顯然比金錢重要，家庭溫暖是金錢買不到的。金錢可以用來買房子，但是不能買一個家；金錢可以用來買床，但是買不到睡眠；金錢可以用來買時鐘，但買不到時間；金錢可以用來買書，但買不到知識；金錢可以買到地位，但買不到人心；金錢可以用來買藥，但是買不到健康；金錢也可以買血，但是能買到一條命嗎？

阿旺在母親的教導下，明白了世界上還有許多比金錢更重要的東西……不要一直盲目地追隨金錢，不要滿腦子都是錢的誘惑，要好好想想人世間的純真感情不是金錢能買到，因為金錢不是萬能的。

想讓孩子避開「金錢萬能論」這個人生最大的陷阱，其實也很容易，孩子在對金

錢有所意識的時候，他們的認知也開始發揮作用，家長這時候不需要把道理全部講給孩子聽，你可以讓孩子自己去找尋真理，孩子自己領會到的事理比大人直接教的更深刻。

阿雪是一名小學三年級的學生，在與父母討論金錢是否萬能的時候，他們採用辯論的方式，阿雪為正方，所持觀點為金錢是萬能的；其父母為反方，所持觀點是金錢並非萬能。他們在家裡展開了一場別開生面的辯論賽。

阿雪：擁有金錢，穿的是名牌時裝，吃的是山珍海味，住的是洋房別墅，坐的是豪華轎車；要是沒有錢呢，整天就得為錢發愁，為柴米油鹽操心，吃了上頓不知下頓，連幾毛錢的開支都得精打細算，勒緊褲帶過日子。

父親：嗯，這話說得有些道理，也的確是這樣。

阿雪聽到父親這樣說，更加堅定了自己的信念，聲音也大了起來：有了錢，就不愁買不到任何一件自己喜歡的東西，有了錢就可為所欲為。總之，萬物乃金錢至高無上，至深無下。

這時候，父親笑了：對於這些，我們不能全盤否定，金錢是有其可愛的一面。我們來個角色扮演。阿雪，如果妳現在擁有幾百萬，妳會做什麼呢？

阿雪不假思索的回答：我要雇保姆、管家以及上百的僕人，過著衣來伸手、飯來張口的逍遙生活，還可以到最美最美的地方去旅遊，坐轎車、乘飛機，總之愛怎麼過就怎麼過。

父親：可是，妳能有知心朋友嗎？

阿雪：是啊，我沒有好朋友與我說悄悄話，也玩不了捉迷藏的遊戲，爸爸，金錢是可以買很多東西，卻買不來我想要的快樂。

父親笑了：阿雪，妳終於明白了這個道理，妳真了不起喲。

不妨採用這樣的方式，在與孩子一起辯論的過程中，加以引導與啟發，你的孩子也能像阿雪這樣，自己意識到金錢並非萬能的道理。

【理財訓練】

1.當你的孩子羨慕有錢小朋友穿著名牌衣服的時候，你可以向孩子說，他穿的衣服的確好看，如果要你在能穿名牌衣服和有父母終日陪伴之間選擇的話，你會選哪一個呢？孩子很自然會選擇後者，這時候你就可以向孩子解釋，有錢小孩或許在穿的、

吃的方面比你要好些，可是他們的父母常不在身邊，你擁有的快樂要比他們多得多。孩子自然而然就會明白，金錢並不是萬能的。

2.你的孩子如果認為金錢萬能，你可以透過正反方辯論的方式，逐漸加以引導，讓你的孩子自己認識到金錢並不能買來一切，原來的觀點也就不攻而破了。

國家圖書館出版品預行編目資料

教出聰明小富翁／章齡齡著.
－－第一版－－臺北市：知青頻道出版；
紅螞蟻圖書發行，2011.6
面　公分－－（Perusing；7）
ISBN 978-986-6276-86-6（平裝）

1.理財 2.親職教育

528.1　　100010272

Perusing 07

教出聰明小富翁

作　　者／章齡齡
美術構成／Chris' office
校　　對／周英嬌、楊安妮
發 行 人／賴秀珍
榮譽總監／張錦基
總 編 輯／何南輝
出　　版／知青頻道出版有限公司
發　　行／紅螞蟻圖書有限公司
地　　址／台北市內湖區舊宗路二段121巷28號4F
網　　站／www.e-redant.com
郵撥帳號／1604621-1　紅螞蟻圖書有限公司
電　　話／(02)2795-3656（代表號）
傳　　真／(02)2795-4100
登 記 證／局版北市業字第796號
港澳總經銷／和平圖書有限公司
地　　址／香港柴灣嘉業街12號百樂門大廈17F
電　　話／(852)2804-6687
法律顧問／許晏賓律師
印 刷 廠／鴻運彩色印刷有限公司
出版日期／2011年 6 月　第一版第一刷

定價 220 元　港幣 73 元

ISBN 978-986-6276-86-6　　**Printed in Taiwan**